Margarida Basilio

FORMAÇÃO E CLASSES DE PALAVRAS NO PORTUGUÊS DO BRASIL

Copyright© 2004 Margarida Basilio
Todos os direitos desta edição reservados à
Editora Contexto (Editora Pinsky Ltda.)

Diagramação
Gustavo S. Vilas Boas

Revisão
Luciana Salgado

Capa
Antonio Kehl

Dados Internacionais de Catalogação na Publicação (CIP)
(Câmara Brasileira do Livro, SP, Brasil)

Basilio, Margarida
Formação e classes de palavras no português do Brasil /
Margarida Basilio. 3. ed., 8ª reimpressão. – São Paulo :
Contexto, 2025.

Bibliografia.
ISBN 978-85-7244-271-8

1. Português – Brasil 2. Português – Estudo e ensino
3. Português – Formação de palavras 4. Português –
Gramática 5. Português – Lexicologia 6. Português –
Morfologia I. Título.

04-4784   CDD-469.014

Índices para catálogo sistemático:
1. Lexicologia : Português : Linguística   469.014
2. Português : Lexicologia : Linguística   469.014

2025

Editora Contexto
Diretor editorial: *Jaime Pinsky*

Rua Dr. José Elias, 520 – Alto da Lapa
05083-030 – São Paulo – SP
PABX: (11) 3832 5838
contato@editoracontexto.com.br
www.editoracontexto.com.br

Proibida a reprodução total ou parcial.
Os infratores serão processados na forma da lei.

Sumário

Introdução 7

Para que serve o léxico? 9

Dissecando a palavra 13

Classes de palavras e categorias lexicais 21

Derivação e mudança de classe: padrões gerais e motivações 27

Principais processos de mudança de classe:
formação de verbos 33

Principais processos de mudanças de classe:
formação de substantivos 39

Principais processos de mudanças de classe:
formação de adjetivos 53

Principais processos de mudanças de classe:
formação de advérbios 61

Sufixação sem mudança de classe 67

Adjetivo ou substantivo? 79

Referências bibliográficas 94

Introdução

O léxico é tradicionalmente definido como o conjunto de palavras de uma língua. Na lexicologia clássica, o estudo do léxico tem por objetivo o maior conhecimento possível das características e propriedades de cada palavra, no presente e no passado. A visão do léxico como um conjunto arbitrário de palavras ou itens lexicais é corrente não apenas nas abordagens tradicionais mas também no que se chama de senso comum.

Na tradição dos estudos gramaticais, por outro lado, a morfologia se concentra em estudos da flexão, como herança da gramática clássica. Também nas gramáticas normativas a formação de palavras não recebe o mesmo tratamento que a flexão, seja pela concepção do léxico como um conjunto não estruturado, seja pelo fato de que a normatividade sobre as palavras é normalmente atribuída aos dicionários.

No entanto, o léxico apresenta um alto teor de regularidade e é um componente fundamental da organização linguística, tanto do ponto de vista semântico e gramatical quanto do ponto de vista textual e estilístico. Os diferentes processos derivacionais de mudança e extensão de classe servem a funções predeterminadas, traduzidas em estruturas morfológicas lexicais.

Neste livro, resultado de pesquisas sobre estruturas lexicais do português nos últimos vinte anos, pretendemos oferecer ao público leitor, estudiosos da língua e, sobretudo, aos professores de português uma visão articulada dos principais processos de formação de palavras, tendo como ponto central a questão da mudança de classe e suas funções na constituição do léxico.

Nosso objetivo maior, para além da descrição de processos produtivos de formação de palavras e suas funções, é o de mostrar que a morfologia derivacional não existe por acaso. Ao contrário, as estruturas morfológicas constituem um instrumento fundamental na aquisição e expansão do léxico individual ou coletivo, assim como de seu uso na produção e compreensão de diferentes tipos de texto em nossa língua.

Para que serve o léxico?

LÉXICO E LÍNGUA

As línguas existem para que possamos falar uns com os outros. O objeto de nossa comunicação é o mundo, mais precisamente nosso mundo: coisas, pessoas, lugares, ideias etc. e suas relações, sejam essas naturais ou artificiais, concretas ou abstratas, reais ou imaginadas. Naturalmente, é necessário primeiro identificar as coisas de que queremos falar e, portanto, designar pessoas, lugares, acontecimentos etc. sobre os quais vamos nos expressar. Assim, a língua é ao mesmo tempo um sistema de classificação e um sistema de comunicação.

O papel do léxico está diretamente ligado a essa dupla função da língua. O léxico é uma espécie de banco de dados previamente classificados, um depósito de elementos de designação, o qual fornece unidades básicas para a construção dos enunciados. O léxico, portanto, categoriza as coisas sobre as quais queremos nos comunicar, fornecendo unidades de designação, as palavras[1], que utilizamos na construção de enunciados.

CONSTITUIÇÃO E EXPANSÃO DO LÉXICO

Mas um conjunto fechado de unidades de designação não é suficiente. Como estamos sempre (re)produzindo e (re)conhecendo novos seres, objetos e relações, precisamos de um sistema dinâmico, capaz de se expandir à medida que se manifesta a necessidade de novas unidades de designação e construção de enunciados. Por exemplo, o léxico fornece unidades de designação para novos objetos, mecanismos ou condições, tais como computador, xerox e global, e também, a partir dessas, novas unidades de construção de enunciados, tais como computação, computacional, xerocar, xerografar, globalizar, globalização etc.

O léxico, portanto, não é apenas de um conjunto de palavras. Como sistema dinâmico, apresenta estruturas a serem utilizadas em sua expansão. Essas estruturas, os processos de formação de palavras, permitem a formação de novas unidades no léxico como um todo e também a aquisição de palavras novas por parte de cada falante.

LÉXICO EXTERNO E LÉXICO MENTAL

Quando dizemos que o léxico é o conjunto de palavras de uma língua estamos focalizando o léxico externo, ou seja, o conjunto de palavras que pode ser verificado nos enunciados dessa língua ou representado nos dicionários. Do ponto de vista interno, ou mental, o léxico corresponde não apenas às palavras que um falante conhece mas também ao conhecimento de padrões gerais de estruturação, que permitem a interpretação ou produção de novas formas. Assim, o léxico interno é constituído por uma lista de formas já feitas e por um conjunto de padrões, os processos de formação de palavras, que determinam estruturas e funções tanto de formas já existentes quanto de formas ainda a serem construídas.

PROCESSOS DE FORMAÇÃO DE PALAVRAS

Sendo a língua um sistema de comunicação, a expansão do léxico não pode se resumir ao aumento do número de símbolos que todos teriam que decorar. Isso tornaria o sistema pouco eficiente pois sobrecarregaria a memória, além de impedir a comunicação automática, porque os novos símbolos teriam de ser explicados e decorados.

Imaginem, por exemplo, se cada conceito novo que surgisse fosse correspondente a algo como um número de telefone: o número de sequências que poderíamos realmente guardar na memória seria mínimo em relação a nossas necessidades. Por outro lado, números de telefone não podem ser deduzidos de regras gerais; têm que ser comunicados e decorados, o que significa que não poderíamos ter no léxico uma expansão imediata.

O LÉXICO É "ECOLOGICAMENTE CORRETO"

Para garantir a máxima eficiência do sistema, portanto, a expansão lexical é efetuada sobretudo pelos processos de formação de palavras, que são fórmulas padronizadas de construção de novas palavras a partir de material já existente no léxico. Por meio desses padrões, podemos formar ou captar a estrutura de palavras e, portanto, adquirir palavras que já existiam mas que não conhecíamos anteriormente.

Ou seja, o léxico é "ecologicamente correto": temos um banco de dados em permanente expansão, mas utilizando sobretudo material já disponível, o que reduz a dependência de memória e garante comunicação automática.

O esquema geral de reciclagem com o qual conseguimos mais produtividade e eficiência no sistema se resume em utilizarmos fragmentos de material em novas construções. Mas apenas materiais estruturados, isso é, reconhecidos por padrões gerais de estruturação, podem ser utilizados. Podemos pensar nos processos de formação de palavras como padrões de reciclagem de materiais para a produção de novas formas.

Nos exemplos dados anteriormente (computacional, globalização etc.), vemos que as novas formas são inteiramente feitas de material reciclado. O verbo *computar* já existia e serviu de base para a formação computador, que designa um instrumento; o sufixo *-ção*, também já existente, foi usado na construção da forma nominalizada *computação*, que designa a função do objeto designado; outro sufixo, *-al*, forma o adjetivo *computacional*; e assim por diante.

LÉXICO VIRTUAL E LÉXICO REAL

Mas, atenção: o potencial de atuação dos processos de formação de palavras não é igual à formação concreta de novos itens. Essa distinção é fundamental para o grau de eficiência da língua como sistema de comunicação. Não queremos sobrecarregar o sistema; assim, é importante ter um modo de produzir e analisar formas automaticamente sempre que necessário, mas é igualmente importante que a concretização só se realize em caso de necessidade, já que novas formas correspondem a mais itens a consumir esforço de memória.

Em consequência, o léxico mental é, em grande parte, virtual. De fato, o léxico provê estruturas, por exemplo, para aproveitar qualquer palavra de uma classe para a formação de uma palava equivalente em outra classe. Assim, todas as palavras de uma classe existiriam virtualmente nas outras classes. Mas só virtualmente, não na realidade. Na realidade, algumas existem, outras não.

A vantagem é podermos acionar o processo sempre que necessário; assim, não temos que sobrecarregar a memória com um número imenso de palavras, o que tornaria o sistema pesado e ineficiente. Portanto, temos um léxico real (o conjunto de palavras da língua) e um léxico virtual (o conjunto de padrões que determinam as construções lexicais possíveis e sua interpretação).[2]

NOTAS

[1] Essas unidades são em geral palavras, embora também possam ser unidades maiores, englobando mais de uma palavra.
[2] Para uma análise mais detalhada da organização do léxico, v. Basilio (1980, 1987).

EXERCÍCIOS

1. Dê exemplos de unidades de designação de:
   • pessoas
   • lugares
   • objetos
   • entidades imaginárias

2. O léxico poderia ser um conjunto fechado de unidades?
   Qual seria o efeito disso para as línguas?

3. O léxico contém palavras?

4. Considere as seguintes formas: protocultura, pré-computacional, pós-globalização, desracionalizar, pseudodesignação. Você incluiria essas formas no léxico externo da língua portuguesa? E no léxico interno? Por quê?

5. O que são processos de formação de palavras?
   Qual é a importância deles para o léxico?

6. Dentre as palavras abaixo, determine as que são unidades de designação de (a) entidades imaginárias; (b) entidades abstratas e (c) objetos concretos:
   areia – triângulo – sinceridade – imagem – metáfora – economia – planta – biblioteca professor – centauro – aura – anjo – fada – jardim

7. As formas abaixo estariam todas no léxico? Ou (alguma(s)) deveria(m) ser excluída(s)?

   porta-retrato – porta-guardanapo – porta-talher – porta-moeda – porta-tudo
   livro de bolso – livro de receita – livro de cabeceira – livro didático – livro-caixa
   suco de laranja – suco de melão – suco de maracujá – suco de pêssego
   dar uma volta – dar um beijo – dar um grito – dar um susto – dar a mão

8. As formas em 4. e 7. estariam no léxico virtual?

9. Na década de 1990, foi muito discutida em jornais a formação *imexível*, utilizada por um ministro. Como se explica que possamos automaticamente interpretar essa formação? Ela deveria ser considerada uma palavra da língua?

10. Mostre, usando como exemplo palaras derivadas e compostas, que o léxico aproveita, em alto grau, o material nele já existente.

Dissecando a Palavra

É comum se definir o léxico como o conjunto de palavras de uma língua. E, de fato, o léxico de uma língua se constitui sobretudo de palavras. Mas, o que é palavra? Há vários ângulos por que se pode enfocar essa pergunta.

A PALAVRA GRÁFICA

Por exemplo, na frase (1)

(1)   João viajou ontem

ninguém teria dificuldade em reconhecer três palavras. Graficamente, podemos definir palavra como a sequência de caracteres que aparece entre espaços e/ou pontuação e que corresponde a uma sequência de sons que formam uma palavra na língua. A segunda parte da definição é necessária, porque não consideramos como palavras do português os dados de (2)

(2)   *Jõ vaju one[1]

que poderiam resultar de um digitador distraído. Essa segunda parte nos leva de volta à mesma pergunta: o que é "uma palavra da língua"?

PALAVRA E DICIONÁRIO

Podemos também dizer que palavras da língua são aquelas que aparecem listadas nos dicionários. Isso é menos simples do que parece, na medida em que os dicionários, sendo responsáveis pelo registro das ocorrências que permanecem na língua, só podem efetuar esse registro muito tempo depois de as palavras estarem sendo usadas, o que significa que qualquer dicionário sempre estará defasado em relação às palavras da língua. Por outro lado, também por serem registros históricos, os dicionários arrolam palavras que não seriam consideradas pelos falantes atuais como palavras da língua. Mas, mesmo admitindo que os dicionários registram a maior parte das palavras de uma língua, a resposta não seria satisfatória, porque apenas nos levaria a mais uma pergunta: o que os autores dos dicionários consideram como palavra? Como veremos, há vários aspectos a considerar.

A PALAVRA ESTRUTURAL

A morfologia é definida tradicionalmente como a parte da gramática que estuda a forma da palavra: o termo morfologia, etimologicamente, corresponde a "estudo da forma". Do ponto de vista da morfologia, a palavra é uma construção que se estrutura de uma maneira específica: seus elementos componentes, ou formativos, apresentam ordem fixa e são rigidamente ligados uns aos outros, não permitindo qualquer mudança de posição ou interferência de outros elementos. Por exemplo, os dados em (3) são palavras, mas não os de (4)

> (3) guarda-chuva, encaixado, narração.
> (4) *guarda-muita-chuva, *encaixonado, *çãonarra.

A PALAVRA E SUAS FLEXÕES

Uma mesma palavra pode apresentar diferentes formas, por causa da flexão. Por exemplo, em (5)

> (5) pegou – pego – pegariam – pegará

temos quatro formas do verbo pegar. Observem que qualquer uma dessas formas seria considerada como uma palavra distinta se tomássemos como base um enunciado:

> (6) a. João pegou o embrulho.
> b. Eu pego o embrulho.
> c. Eles pegariam o embrulho.
> d. João pegará o embrulho.

Em (6) cada frase se subdivide em quatro palavras, das quais cada uma corresponde a uma das formas de *pegar* em (5). Vemos, assim, que um dos enfoques que temos para palavra é o de "unidades de que se compõe o enunciado". O outro enfoque é o que considera a palavra "como uma unidade estrutural que congrega diversas formas": o verbo pegar é uma palavra ou unidade estrutural que congrega as diferentes formas da conjugação, tais como pego, pegas, pegaria, pegássemos, pegando, pegou etc.

PALAVRA, VOCÁBULO E LEXEMA

Assim, uma outra maneira de enfocar a questão da variação de forma da palavra é pensar na palavra como unidade lexical e como unidade formal. Dentro desse ângulo, aquilo que denominamos "o verbo pegar" corresponde à palavra como unidade lexical, um verbo; trata-se, pois, do lexema; já as diferentes formas flexionadas de pegar seriam vocábulos, isto é, variações de forma da palavra.

Vocábulos que não apresentam significado lexical não são considerados como lexemas: são os vocábulos gramaticais, tais como preposições, conjunções e verbos auxiliares.

PALAVRA, HOMONÍMIA E POLISSEMIA

A palavra é normalmente tida como uma unidade de significação. Entretanto, são mais comuns as palavras que têm mais de um significado. Quando os significados de uma palavra são relacionados, damos à situação o nome de *polissemia*. Quando os significados não são relacionados, em geral é preferível considerar que se tratam de palavras distintas, ainda que com a mesma forma fonológica. Nesse caso, denominamos a situação de *homonímia*.

Assim, por exemplo, em *regra da gramática normativa* e *regra de etiqueta* teríamos uma situação de polissemia, porque há um significado geral de prescrição, apenas com a diferença do domínio em que se aplica; já o clássico exemplo de *manga* como fruta ou parte do vestuário seria considerado como homonímia.

Vejamos agora o caso de modelo como "coisa ou pessoa em cuja reprodução estética o artista trabalha" ou como "coisa ou pessoa que serve de imagem, forma ou padrão a ser imitado". Observem que, no caso das artes plásticas, a palavra determina concordância no masculino ou no feminino, conforme se refira a homem ou mulher: o modelo/ a modelo; já na outra acepção o gênero é único.

A diferença de comportamento em gênero nos levaria a considerar *modelo* nos dois casos como constituindo uma situação de homonímia. No entanto, a relação de significado sugere a situação de polissemia. Esse caso ilustra, portanto, a dificuldade de decisões definitivas nessa área.[2]

FORMAÇÃO E CLASSES DE PALAVRAS

A questão homonímia/polissemia continua sendo discutida tanto teoricamente quanto em termos de casos particulares. Temos, portanto, um problema permanente em relação ao conceito de palavra.

PALAVRA FONOLÓGICA

A palavra também pode ser entendida como uma unidade fonológica. Por um lado, podemos pensar na palavra como uma sequência fônica que ocorre entre pausas potenciais. Por outro, na estrutura do português as palavras apresentam um padrão acentual baseado em tonicidade e duração. Chamamos de vocábulo fonológico o lado fonológico da palavra.

CLÍTICOS

Dá-se o nome de clíticos a unidades que se agregam a uma palavra fonologicamente, sem fazer parte dela do ponto de vista morfológico. Em português, temos nessa situação os artigos, assim como vários pronomes pessoais: -o, -a, -me, -te, -se etc. Esses pronomes são chamados clíticos porque não apresentam acentuação própria; são átonos, integrando-se à pronúncia do verbo, apesar de não fazerem parte dele do ponto de vista morfológico.

Os clíticos colocam mais uma dificuldade de identificação da palavra, já que fazem parte do vocábulo fonológico mas não da palavra morfológica. Pois, como vimos, os elementos que formam uma palavra são rigidamente ligados aos outros, não admitindo mudança de posição ou interferência de outro elemento: ora, os clíticos podem mudar de posição, como viu-me/ me viu, ou admitir elementos interferentes, como em (7)

> (7) a. Chegou o livro.
>   b. Chegou o fantástico livro que João comprou.

em que vemos que é possível intercalar um adjetivo entre o artigo e *livro* por exemplo.

LOCUÇÕES

Do ponto de vista fonológico, as preposições também são clíticos. Muitas vezes as preposições fazem parte de expressões com valor adverbial. Algumas dessas expressões são: a pé, de manhã, de repente, de lado, em cima etc. Embora consideradas como sequências de palavras do ponto de vista gráfico, essas expressões, chamadas tradicionalmente de locuções, ilustram as dificuldades de identificação da palavra, pois apresentam unidade de significado e uso e também são morfologicamente unificadas, não permitindo elementos interferentes (*de alguma manhã, *a todo pé, *a pé esquerdo etc.) ou mudança de posição. Desta vez, temos um descompasso entre o aspecto morfológico e o aspecto gráfico.

A PALAVRA COMO FORMA LIVRE MÍNIMA

O linguista Bloomfield define a palavra como forma livre mínima. Forma livre é aquela que pode por si só constituir um enunciado, ao contrário da forma presa, ou afixo, que só pode ocorrer em conjunto com outra, da qual depende. Mas a frase também pode ser uma forma livre. A palavra é, então, a forma livre mínima, isto é, a forma livre que não pode ser subdividida em formas livres, embora possa conter uma forma livre.

Essa definição é interessante, porque distingue palavras de frases, sintagmas e afixos; mas apresenta problemas quando pensamos em palavras compostas: como palavras compostas são definidas como palavras formadas de duas ou mais palavras ou radicais, fica difícil sustentar ao mesmo tempo que palavras não podem ser subdivididas em formas livres.

FORMAS DEPENDENTES

O linguista brasileiro Mattoso Câmara Jr. modificou a definição de Bloomfield, acrescentando a noção de forma dependente: aquela que depende de outra para ocorrer, mas não está concretamente soldada à forma da qual depende. De acordo com esse conceito, preposições e conjunções, assim como artigos e pronomes clíticos, seriam formas dependentes. Assim, podemos considerar preposições, conjunções e artigos como palavras, redefinindo a palavra como forma não presa mínima, o que abarca tanto formas livres quanto formas dependentes.

PROBLEMAS REMANESCENTES

Ainda restam muitos problemas na conceituação de palavra; dentre eles, a questão das palavras compostas, a classificação das formas que expressam grau, a colocação do particípio passado como parte da conjugação verbal ou como um adjetivo derivado do verbo, os nomes pátrios e os nomes de cores, que podem ser sistematicamente usados em classes diferentes, a situação de nomes próprios de cidades e instituições, e assim por diante.

Talvez o problema maior seja o nosso enfoque do que seria uma palavra. O léxico abarca elementos que apresentam diversas facetas: fonológica, gráfica, morfológica, sintática, semântica, pragmática; e nem sempre essas facetas são inteiramente recobertas umas pelas outras. Mas nós sempre ansiamos por categorias com domínios precisos e não superpostos.

Por outro lado, pensamos sobretudo na palavra como uma unidade lexical. Ora, a unidade da palavra como elemento lexical também não se coaduna necessariamente com a noção gramatical de palavra. É importante, pois, que possamos conviver com a diversidade e com a complexidade. É o preço que pagamos por um sistema de comunicação mais flexível; as estruturas rígidas são sempre mais fáceis de descrever, mas muito mais limitadas em sua utilização.[3]

NOTAS

[1] O asterisco antes de uma forma indica que essa forma não é legítima ou aceitável na língua.

[2] As duas definições apresentadas foram tiradas do verbete *modelo* de Houaiss (2002), a que remetemos o leitor, para um contato mais direto com problemas relativos a situações de homonímia e polissemia.

[3] Para um exame de diferentes aspectos envolvidos no conceito de palavra, ver, entre outros, Bloomfield (1926), Matthews (1991), Lyons (1968), Di Sciullo &Williams (1987) Anderson (1992), Câmara Jr. (1970), Basilio (1999, 2000), Rosa (2000).

EXERCÍCIOS

1. Por que os dicionários não contêm todas a palavras de uma língua?
   Dê exemplos de palavras que não estão nos dicionários.

2. As formações *derivação* e *beija-flor* são palavras estruturais? Justifique.

3. Quais são as palavras gráficas nas frases abaixo?
   a. Quenhé quitá batendo?
   b. Quem é que está batendo?

4. Dê exemplos de vocábulos mórficos correspondentes ao lexema "fazer".

5. Na frase abaixo, quais são os vocábulos? E os lexemas?
   O professor tinha jogado no lixo as sobras do jantar.

6. Analise o significado de *papel* nas frases abaixo e determine se se trata de uma situação de homonímia ou polissemia:
   a. Onde está o papel de carta?
   b. Eu tentei me inscrever, mas ainda faltavam alguns papéis.
   c. Eu queria embrulhar o presente, mas o papel rasgou.
   d. João vai ficar ótimo no papel do bandido.

7. Mostre a diferença entre forma livre mínima, forma livre não mínima e forma mínima não livre e dê exemplos.

8. Faça uma frase (a) sem formas dependentes; (b) sem formas presas; (c) com dois clíticos.

9. Dê exemplos de:
   • um vocábulo fonológico que corresponda a dois vocábulos formais.
   • uma forma dependente que não corresponda a uma palavra gráfica.
   • um vocábulo gramatical que não seja forma dependente.

10. Qual a diferença entre palavras e locuções? Exemplifique.

CLASSES DE PALAVRAS E CATEGORIAS LEXICAIS

NOÇÕES GERAIS

Damos tradicionalmente o nome de classes de palavras ou partes do discurso a conjuntos abertos de palavras, definidos a partir de propriedades ou funções semânticas e/ou gramaticais. As classes de palavras são de importância crucial na descrição de uma língua porque expressam propriedades gerais das palavras. Por exemplo, é impossível descrever os mecanismos gramaticais mais óbvios, como a concordância de gênero e número do artigo com o substantivo, se não determinarmos o que é substantivo e artigo.

Claro, as palavras podem ser classificadas de várias maneiras; mesmo na gramática há várias classificações. Por exemplo, classificamos palavras quanto à acentuação em átonas ou tônicas, e as tônicas em oxítonas, paroxítonas e proparoxítonas. Mas, o que se convencionou chamar de classes de palavras ou categorias lexicais corresponde a uma classificação específica, a partir de critérios semânticos ou gramaticais.

CRITÉRIOS DE CLASSIFICAÇÃO

A questão dos critérios de classificação das palavras é muito discutida: devemos classificar palavras por um único critério ou por um conjunto de critérios? E quais seriam os critérios mais adequados?

Os estruturalistas usam sobretudo o critério sintático para definir classes de palavras. Por exemplo, substantivos são definidos por suas propriedades distribucionais: ocorrência como núcleo do sintagma nominal (isto é, como núcleo do sujeito, objeto direto e indireto e agente da passiva); ou ocorrência com artigo, possessivo, numeral etc. Outras propriedades, tais como a designação de seres e a concordância de gênero e número, embora também características do substantivo, não seriam critérios de classificação.

Há também propostas estruturalistas de classificação apenas morfológica de classes de palavras. Nessas propostas, substantivos se caracterizam pela flexão de gênero e número; verbos apresentam flexão de tempo e modo; e assim por diante.

As gramáticas escolares muitas vezes definem classes por critério exclusiva ou primordialmente semântico. Nesse caso se enquadra, por exemplo, a definição do substantivo como palavra que designa seres; ou a definição de verbos como palavras que se referem a ações representadas no tempo.

Nas abordagens estruturalistas, a utilização de um único critério para as classes é imposta pelo princípio de economia: se a descrição pode ser feita por apenas um critério, qualquer outro critério é redundante e deve, portanto, ser evitado. Nas gramáticas escolares, a predominância do critério semântico está ligada à herança filosófica da gramática tradicional. Finalmente, a adoção de um critério exclusivamente sintático para o estabelecimento de classes de palavras nas abordagens gerativas reflete o fato de se tratar fundamentalmente de uma teoria da sintaxe, para a qual há um único critério relevante, o sintático.

UM CRITÉRIO OU UM CONJUNTO DE CRITÉRIOS?

Deixando de lado as razões particulares de cada abordagem, vamos examinar com cuidado a questão do(s) critério(s). Vimos que as classes de palavras são necessárias para a descrição gramatical. Temos, então, que nos perguntar: o que é mais adequado à descrição gramatical, classes determinadas por um critério único ou por um conjunto de critérios?

Por exemplo, a definição semântica do substantivo nos diz como os substantivos se comportam na construção dos enunciados? Não. Ora, como a posição de ocorrência das palavras na construção dos enunciados é parte essencial da descrição gramatical, uma classificação de palavras que não inclua esse ponto será forçosamente insuficiente. Assim, a menos que se possa deduzir o comportamento dos substantivos a partir de sua função semântica, a definição por critérios semânticos não será adequada à descrição gramatical.

Já a definição sintática do substantivo como núcleo do sujeito, objetos e agente da passiva dá conta de suas posições estruturais, mas nos deixa inteiramente no escuro sobre as propriedades de concordância do substantivo em relação ao adjetivo. Do mesmo modo, uma definição sintática ou semântica do verbo não nos dá sequer um vislumbre da necessidade de termos várias formas verbais expressando categorias de tempo, modo, aspecto e número-pessoa.

Por esses exemplos vemos que, para os propósitos da descrição gramatical, classes de palavras definidas em termos de um critério único não constituem a melhor opção.

Por outro lado, sabemos que, em linhas gerais, o conjunto de palavras que designam seres ou entidades coincide com o conjunto de palavras que podem ocupar a posição estrutural de núcleo do sujeito e complementos, o qual, por sua vez, coincide com o conjunto de palavras que determinam concordância de gênero e número. Do mesmo modo, o conjunto de palavras que denota propriedades para atribuí-las ao substantivo a que se refere também concorda com esse substantivo em gênero e número; e assim por diante. Para levar em conta essa co-incidência, é necessário estabelecer as três propriedades como determinantes da classe. Assim, para efeitos da descrição gramatical, as classes de palavras devem ser definidas simultaneamente por critérios morfológicos, sintáticos e semânticos.

A questão do fator semântico na descrição gramatical pode ser mais complexa e delicada, mas não podemos negar que seria inconveniente deixar de registrar como uma generalização o fato de que as mesmas palavras que apresentam e determinam flexão de gênero e número e ocupam a posição de núcleo do sintagma nominal são palavras que semanticamente designam seres ou entidades abstratas. Do mesmo modo, seria inadequado deixarmos de registrar que as palavras que acompanham os substantivos e com eles concordam em gênero e número denotam propriedades ou qualidades, pelas quais predicam seres ou proposições. Ou que as palavras que modificam verbos são invariáveis; ou que as palavras que apresentam flexão de tempo e modo concordam em número-pessoa com o sujeito e denotam estados, eventos etc. representados no tempo. Em suma, existe uma relação geral óbvia entre as propriedades semânticas e gramaticais das classes de palavras, que deve ser registrada na descrição linguística.

PRINCIPAIS CATEGORIAS LEXICAIS: BREVE DEFINIÇÃO

Como elementos pertinentes ao léxico, as classes de palavras também podem ser chamadas de categorias lexicais. As classes de palavras envolvidas em processos de formação de palavras são o substantivo, o adjetivo, o verbo e, de um modo marginal, o advérbio.

A classe de palavras que denominamos substantivo pode ser definida pela propriedade semântica de designar seres ou entidades, pela propriedade morfológica de apresentar e determinar flexão de gênero e número e pela propriedade sintática de ocupar o núcleo do sujeito e complementos. Do mesmo modo, a classe dos adjetivos é definida pelas propriedades de caracterizar ou qualificar, sobretudo os seres designados pelos substantivos; e de concordar em gênero e número com o substantivo; os verbos são definidos como a classe de palavras que representa relações (estados, eventos etc.) no tempo, com a função de predicação e com flexões de tempo e modo, entre outras. Finalmente, a classe dos advérbios define palavras invariáveis com a função de modificar verbos, adjetivos ou mesmo outros advérbios e enunciados.

FORMAÇÃO E CLASSES DE PALAVRAS

Até agora, enfatizamos a importância das classes de palavras para a descrição gramatical. Mas as classes de palavras ou categorias lexicais também são a base fundamental para a descrição dos processos de formação de palavras.

Assim, do mesmo modo que não podemos descrever mecanismos gerais de concordância sujeito-verbo, por exemplo, sem as classes de palavras, também sem elas não podemos descrever processos gerais de formação de palavras, tais como a adição de -idade a um adjetivo para formar um substantivo abstrato. Portanto, a definição de classes de palavras deve atender não apenas aos requisitos da descrição gramatical mas também aos requisitos dos processos de formação de palavras.

Ora, os processos de formação de palavras apresentam tanto funções gramaticais quanto funções semânticas; e seus produtos, as palavras formadas através de sua operação, apresentam propriedades morfológicas, sintáticas e semânticas. Assim, a definição das classes de palavras, para atender às necessidades de descrição dos processos de formação de palavras, deve corresponder a uma combinação de propriedades morfológicas, sintáticas e semânticas.

Por exemplo, quando dizemos que -ção se adiciona a verbos para formar substantivos, não estamos apenas dizendo que -ção se adiciona a palavras que ocupam o núcleo do predicado verbal para formar palavras que ocupam o núcleo do sintagma nominal; estamos dizendo também que as palavras a que -ção se aplica designam eventos e situações representados no tempo e apresentam flexão de tempo/modo/aspecto e número-pessoa; e que as palavras produzidas designam eventos e situações sem a marca de representação no tempo, sem a flexão etc. e com a propriedade de acionar mecanismos de concordância de gênero e número.[1]

NOTAS

[1] Para diferentes visões sobre classes de palavras, ver, entre outros, Basilio (1987), Câmara Jr. (1970), Rosa (2000), Perini (1995) e Monteiro (2002).

EXERCÍCIOS

1. Dadas as frases abaixo, diga qual é a classe de X e qual é o critério de classificação:
   a. O X já chegou.
   b. Espero que este X não seja muito caro.
   c. Todos os X que eu vi estão muito desbotados.
   d. A catástrofe foi anunciada pelo X.
   e. Por favor, chame aquele X lá atrás.
   f. O X torto caiu.

2. Verifique em duas gramáticas normativas a definição de substantivo e adjetivo e diga quais foram os critérios utilizados.

3. A descrição gramatical seria possível sem classes de palavras? Justifique.

4. Mostre, através dos dados abaixo, que a definição apenas sintática do substantivo não é suficiente para a descrição gramatical:
   a. *O menina chegaram ontem.
   b. A menina chegou ontem.

5. Em que circunstância a definição dos substantivos como palavras que designam seres poderia ser adequada à descrição gramatical?

6. Alguns autores definem verbo como a palavra que tem as categorias de tempo e modo. Discuta a validade dessa definição, levando em conta exemplos como:
   a. "Ser palmeira! Existir num píncaro azulado..."
   b. Que delícia, sair por aí sem dar satisfação a ninguém.

7. Mostre que há uma relação sistemática entre propriedades semânticas e sintáticas de classes de palavras.

8. Até que ponto podemos dizer que substantivos e adjetivos têm as mesmas propriedades morfológicas?

9. Por que as classes de palavras são importantes para a descrição de processos lexicais?

10. Podemos descrever o processo que forma palavras pelo acréscimo do sufixo -ção sem mencionar classes de palavras? Explique.

DERIVAÇÃO E MUDANÇA DE CLASSE: PADRÕES GERAIS E MOTIVAÇÕES

PADRÕES LEXICAIS REGULARES

Sabemos pelas gramáticas, e por nossa experiência com o uso da língua, que é possível formar palavras de uma classe a partir de palavras de outra classe. Por exemplo, a partir de adjetivos podemos formar substantivos, como em fatal/fatalidade; de substantivos podemos formar adjetivos, como em floresta/florestal; etc.

As gramáticas apresentam listas de sufixos correspondentes a processos de mudança de classe, com a preocupação de abranger todos os elementos eventualmente utilizados. Aqui, nossa preocupação será de outra natureza: a de determinar os padrões gerais que regem os processos de mudança de classe.

O padrão geral correspondente aos processos de mudança de classe na constituição do léxico em português pode ser resumido como se segue:

(1) As categorias lexicais plenas são: substantivo, adjetivo e verbo.
(2) Processos de formação de palavras possibilitam a formação de palavras de qualquer categoria lexical plena a partir de palavras de qualquer outra categoria lexical plena.

Ou seja, o fato de que a partir de uma palavra de uma classe podemos formar uma palavra de uma outra classe é parte da estrutura lexical do português.

Naturalmente, ao lado desse fato geral, há também fatos particulares, tais como a especificação de cada processo e as eventuais restrições de operação de cada um sobre determinadas bases. Por exemplo, ao lado do fato geral de que a partir de qualquer verbo podemos formar um substantivo correspondente, temos o fato particular de que, se o verbo tiver a estrutura morfológica X-izar, o sufixo a ser utilizado na forma nominalizada será -ção; mas se o verbo tiver a estrutura morfológica X-ecer, o sufixo a ser utilizado terá que ser -mento. Do mesmo modo, ao lado do fato geral de que qualquer verbo pode ser base para a formação de um adjetivo, há o fato particular de que dificilmente verbos que não são transitivos diretos serão base para adjetivos de estrutura X-vel. E assim por diante.

DERIVAÇÃO E MUDANÇA DE CLASSE

Chamamos de mudança de classe a formação de palavras de uma classe a partir de palavras de outra classe. A mudança de classe se efetua fundamentalmente através de processos morfológicos de derivação. Alguns autores consideram que, de certa maneira, a mudança de classe é um dos critérios que definem a derivação em oposição à flexão.[1]

O processo de derivação consiste na adição de um afixo (sufixo ou prefixo) a uma base ou radical para a formação de uma palavra. A estrutura da forma derivada é a estrutura geral da adição de um afixo a uma base ou radical; a base é determinada gramatical ou semanticamente pelo afixo. Na sufixação temos a estrutura [[base] sufixo]x, em que o sufixo determina a categoria lexical X da palavra resultante; na prefixação a estrutura é [prefixo[base]]x, e o prefixo especifica uma alteração semântica na palavra resultante, ficando inalterada a classe X da base; e na derivação parassintética temos [prefixo[base]sufixo]x, sendo que o prefixo especifica uma alteração semântica e o sufixo determina a categoria lexical X da palavra resultante.

POR QUE MUDANÇA DE CLASSE?

Há dois motivos principais para a mudança de classe, que decorrem da dupla função do léxico de designar entidades e fornecer elementos básicos para a construção de enunciados. Um deles é a necessidade de usar palavras de uma classe em estruturas gramaticais que exigem palavras de outra; o segundo é a necessidade de aproveitar conceitos ocorrentes em palavras de uma classe em palavras de outra classe. O primeiro caso corresponde à motivação gramatical, o segundo, à motivação semântica.

Por exemplo, se precisarmos nos referir à atividade expressa por um verbo, como em (3)

(3) Clonaram o macaco.

mas utilizando uma estrutura que requer um substantivo, como em (4)

(4) Todos ficaram preocupados com...

podemos usar um processo de sufixação para transformar o verbo em substantivo, assim possibilitando o uso do conteúdo verbal num contexto gramatical que só permite substantivos, como em (5)

(5) Todos ficaram preocupados com a clonagem do macaco.

Vejamos, por outro lado, o caso dos chamados "nomes de agente" de verbais, isto é, substantivos que designam um ser pela prática ou exercício de uma ação ou atividade, especificada pelo verbo. Por exemplo, jogador é um indivíduo caracterizado pela atividade de jogar; varredor, pela função de varrer; madrugador, pelo hábito de madrugar, e assim por diante. Esses exemplos ilustram a motivação semântica para a mudança de classe: para formar unidades de designação de seres, usamos o material semântico já contido nos verbos e o sufixo formador de nomes de agente. Ora, tanto as propriedades do verbo base quanto as propriedades do sufixo formador já estão previamente no léxico; assim, essas formações são fáceis de produzir, aprender e guardar na memória.

MOTIVAÇÕES NÃO SÃO EXCLUSIVAS

As seções anteriores poderiam dar a falsa impressão de que cada forma derivada com mudança de classe tem a sua própria motivação. Isso, em geral, não ocorre, o que é fácil de entender quando nos lembramos de que as classes de palavras são definidas por um conjunto de propriedades. A motivação gramatical corresponde a necessidades morfológicas e sintáticas; a motivação semântica corresponde a novas necessidades de denotação. O que mais encontramos são situações em que um fator predomina sobre o outro, ou mudanças que podem ser encaradas tanto do ponto de vista gramatical quanto do ponto de vista semântico.

De qualquer maneira, sempre que há mudança de classe o produto da derivação é uma palavra de classe diferente da classe da palavra base, o que pressupõe diferenças tanto gramaticais quanto semânticas.

QUADROS MAIS COMPLEXOS

Às vezes, a formação de palavras com mudança de classe se coloca num quadro mais complexo. Por exemplo, adjetivos atribuem propriedades apenas a substantivos. O que fazer, então, se queremos atribuir uma propriedade a um processo verbal? Certamente, não podemos usar adjetivos. Podemos, sim, usar os chamados advérbios de modo para modificar a ação verbal, como abaixo:

(6) João falou francamente.

Advérbios de modo, no entanto, não qualificam a ação verbal, apenas a modificam. Assim, se realmente quisermos qualificar uma ação verbal, teremos que usar um adjetivo. E, como não podemos usar um adjetivo para modificar o verbo, porque a gramática não permite isto, temos então que formar um substantivo a partir do verbo, como abaixo:

(7) O presidente declarou (*inacreditável) que não fora informado da crise de energia.
(8) A inacreditável declaração do presidente de que não fora informado da crise de energia.

Nesse caso, é impossível dizer se se trata de motivação semântica ou gramatical, já que ambos os aspectos estão necessariamente envolvidos. A necessidade de adjetivação obedece basicamente a uma motivação expressiva, mas inclui um aspecto semântico, evidenciado na escolha do adjetivo; a impossibilidade de adjetivação direta da forma verbal é um fato sintático; temos, portanto, a utilização de uma forma nominalizada pela conjunção de um fator semântico com um fator sintático, sob a interferência de um fator expressivo.

MOTIVAÇÃO EXPRESSIVA NA MUDANÇA DE CLASSE

Vemos, portanto, que a mudança de classe pode também envolver um fator expressivo, embora esse fator nunca ocorra isoladamente. Além de quadros mais complexos, como o descrito acima, temos alguns processos de derivação em que a mudança de classe se conjuga a um valor expressivo veiculado pelos próprios elementos formadores. Esse é o caso de formações com sufixos como -ice, -agem, -udo, -ento etc., em que uma noção pejorativa se adiciona à mudança de classe, conforme exemplificado em (9)

(9) carioca/carioquice; político/politicagem; osso/ossudo; gordura/gordurento; resmungar/resmungão

Em (9), os sufixos -ice e -agem formam substantivos que designam a propriedade correspondente ao adjetivo base, acrescentando a noção pejorativa. Do mesmo modo, -udo e -ento formam adjetivos a partir de substantivos para qualificar seres a partir da denotação do substantivo, também acrescentando o caráter pejorativo. Os processos correspondentes a esses sufixos, portanto, apresentam motivação expressiva, além de semântica ou gramatical.

MOTIVAÇÃO TEXTUAL E MOTIVAÇÃO SINTÁTICA

Muitas vezes, também, há situações em que uma motivação é de caráter textual, isto é, relacionada a questões da construção do texto, embora se manifeste na estrutura sintática. O melhor exemplo para esse tipo de situação é, novamente, a formação de substantivos a partir de verbos.

A utilização de substantivos derivados de verbos para substituir uma frase predicada por um verbo é essencial na construção de um texto escrito, na medida em que permite representar de modo unificado e através de uma única palavra toda uma proposição, conforme ilustramos:

> (10) O presidente da empresa mais poderosa do país declarou que não pouparia esforços e não descansaria enquanto não conseguisse derrubar o projeto em tramitação na Câmara sobre a limitação do uso de energia de caráter poluente. A declaração deixou os ambientalistas enfurecidos.

Em (10), a forma nominalizada *declaração* é utilizada para substituir todo o período anterior, o qual é relativamente extenso. Essa é uma situação de estrutura textual: a forma nominalizada é crucial para a continuidade do tópico na construção do texto. Entretanto, esse elemento se manifesta numa estrutura sintática nominalizada; consequentemente, a utilização do substantivo também obedece a um requisito sintático.

MOTIVAÇÕES MÚLTIPLAS

Em suma, como vimos nas seções anteriores, embora possamos apontar uma motivação sintática ou semântica de caráter mais imediato, a motivação para a formação de palavras corresponde à necessidade de utilização; e a utilização, é claro, envolve não apenas fatores sintáticos e semânticos mas também de outros níveis, como o da estrutura textual e fatores retóricos e expressivos, em diferentes predominâncias e combinações.[2]

NOTAS

[1] Há, no entanto, muitos processos derivacionais que não mudam a classe das palavras, o que torna questionável essa posição. Dentre esses, toda a derivação prefixal e os formadores de nomes de agente a partir de substantivos.

[2] Para uma abordagem preliminar das funções na formação de palavras, v. Basilio (1987). Sobre a questão da relevância do fator semântico na formação de palavras, v. Basilio (1986, 1992).

EXERCÍCIOS

1. Qual é o padrão mais geral relativo à mudança de classe na constituição do léxico?

2. Mostre que, a partir de uma palavra de qualquer categoria lexical plena podemos formar outra palavra de outra categoria.

3. Até que ponto podemos dizer que a mudança de classe é um critério definidor da derivação?

4. Qual é a estrutura geral da derivação? Dê um exemplo de cada caso, definindo a estrutura.

5. Quais são os principais motivos para a mudança de classe? Exemplifique.

6. Mostre, analisando dois exemplos, que as formações X-dor têm motivação semântica.

7. Explique as motivações envolvidas na nominalização do verbo na frase abaixo: A surpreendente redução dos juros pelo BC fez as bolsas subirem.

8. Por que a nominalização é importante para a produção do texto escrito? Dê um exemplo convincente.

9. Qual é a motivação para a nominalização na frase coloquial abaixo: "Não aguento mais esta *forçação* de barra".

10. Dê a motivação predominante das nominalizações nas frases abaixo:
    a. O diretor decidiu prosseguir. A decisão se revelaria desastrosa.
    b. A patética contestação dos fatos só fez piorar a situação do ministro.

PRINCIPAIS PROCESSOS DE MUDANÇA DE CLASSE: FORMAÇÃO DE VERBOS

O verbo é definido semanticamente como uma palavra que corresponde a uma ação ou processo representado no tempo, com a finalidade de predicação. Gramaticalmente, verbos ocupam o núcleo do predicado verbal, apresentam flexão de tempo, modo, aspecto, número e pessoa e concordam em número/pessoa com o sujeito. Os processos de formação de verbos servem ao propósito de formar predicadores correspondentes a ações e processos,[1] os quais apresentarão as características gramaticais dos verbos.

FORMAÇÃO DE VERBOS A PARTIR DE SUBSTANTIVOS

A formação de verbos a partir de substantivos tem o objetivo de aproveitar a noção expressa pelo substantivo para designar a ação ou processo a ser expresso pelo verbo. Vejamos os seguintes exemplos:

(1) a. João pôs o carimbo no atestado.
     b. João carimbou o atestado.
(2) a. O empregado arrumou as frutas no caixote.
     b. O empregado encaixotou as frutas.
(3) a. A cozinheira pôs tempero na salada.
     b. A cozinheira temperou a salada.

Em (1), por exemplo, o substantivo carimbo define a ação de carimbar; é difícil pensar no significado de carimbar sem pressupor carimbo.[2] Do mesmo modo, o verbo encaixotar corresponde à ação de colocar (algo) no caixote; e em (3), temperar corresponde ao processo de dar tempero. Vemos, pois, que os verbos formados a partir dos substantivos correspondem a processos verbais fundamentalmente relacionados aos substantivos de que derivam.

Claro, se o verbo carimbar não existisse, o ato de carimbar seria expresso por um outro verbo de ação seguido do complemento carimbo, como em (1)a., e o mesmo pode ser dito dos outros exemplos, (2)a. e (3)a. Isto é, a formação do verbo condensa numa forma derivada o que também pode ser dito numa expressão perifrástica.

PROCESSOS DE FORMAÇÃO DE VERBOS A PARTIR DE ADJETIVOS

Também na formação de verbos a partir de adjetivos o verbo incorpora a noção que já existe no adjetivo. Adjetivos denotam propriedades, condições ou estados; verbos denotam o processo de mudança em direção a esses estados, propriedades e condições. Essa é a motivação fundamental para a formação de verbos a partir de adjetivos. Vejamos os exemplos abaixo:

(4) Maria engordou.
(5) O cimento vai endurecendo aos poucos.
(6) O novo ministro agilizou o sistema.

Em (4), o verbo denota no tempo a mudança de estado de Maria em direção ao estado gorda; em (5), endurecer se refere à gradual mudança de estado do cimento, de mole para duro; e em (6) o verbo denota a mudança de estado do sistema no que tange à agilidade.

Os exemplos de (4) a (6) mostram dois fatos gerais em relação a verbos formados a partir de adjetivos. O primeiro é que o verbo, ao expressar uma mudança em direção ao estado especificado pelo adjetivo, pode indicar um processo completo ou um processo em curso. Em (4), por exemplo, a mudança de estado já foi efetuada, como o uso do Pretérito Perfeito indica, isto é, Maria já engordou. Entretanto, se Maria está gorda ou não depende de quanto ela teria engordado e de como estava antes de engordar. Ou seja, o verbo engordar se refere à mudança em direção ao estado gorda, mas não se pronuncia sobre se essa mudança atingiu um estado pleno ou não. O mesmo acontece com endurecer, que pode ser usado em referência a algo que se tornará duro ou que apenas se tornará mais duro do que antes.[3] Do mesmo modo, em (6) não se afirma necessariamente que o processo se tornou ágil, embora essa seja uma interpretação possível. A possibilidade das duas interpretações ou de apenas uma vai depender de questões semânticas e questões do conhecimento do mundo; há processos que podem ser graduais e outros que correspondem a uma passagem pontual e momentânea. Por exemplo, engordar pode corresponder a um processo gradual, mas ativar denota sobretudo mudanças momentâneas.

O segundo fato geral é que esses verbos denotam sempre a mudança de estado, mas podem enfocá-la ou isoladamente ou como resultado de um elemento causador. Por exemplo, em (4) e (5), apenas a mudança de estado é focalizada, de modo que interpretamos *Maria* e *cimento* como elementos afetados pela mudança. Já em (6) o verbo continua denotando uma mudança de estado, mas o sujeito é encarado como agente causador da mudança que recai sobre o objeto.

MUDANÇA DE ESTADO EM VERBOS FORMADOS A PARTIR DE SUBSTANTIVOS

A formação de verbos para indicar mudança de estado é feita fundamentalmente a partir de adjetivos, porque são sobretudo os adjetivos que denotam estados. Entretanto, substantivos também podem se referir a estados ou ter significado compatível com a mudança de estado veiculada pelo verbo. Assim, o substantivo também pode ser base da formação de verbo com o significado de mudança de estado, como nos exemplos abaixo:

(7) Depois de ter-se fossilizado, a matéria orgânica permanece inalterada.

(8) A crescente favelização das encostas preocupa os ambientalistas.
Nas frases acima, fóssil e favela são tomados como estado-alvo do processo de mudança especificado pelo verbo.

PRINCIPAIS PROCESSOS DE FORMAÇÃO

A formação de verbos pode ser feita por sufixação e por derivação parassintética. As estruturas mais produtivas de formação de verbos por sufixação são as correspondentes à adição de -izar, -ar e -ear a substantivos e adjetivos.

A formação em -izar é mais frequente na formação de verbos a partir de adjetivos; e é usada, em especial, na terminologia formal, acadêmica e técnica. Formações em -izar se concentram na representação de mudança de estado, acompanhada ou não da ideia de um agente causador. Alguns exemplos estão em (9)

(9) a. fertilizar, disponibilizar, agilizar, dolarizar, elitizar, sintetizar, minimizar, conscientizar, relativizar etc.

Já as formações em -ar, mais frequentes que as X-izar na língua falada e em contextos mais informais, embora com presença significativa também em outros contextos, concentram-se na denotação de ações definidas pelo substantivo base, sobretudo como objeto da ação, como vemos em (10)

(10) numerar, paginar, colar, gritar, beijar, babar, perfumar, aguar,

mas também como instrumento, como em (11)

(11) martelar, carimbar, telefonar, pincelar, cinzelar, lixar, etc.

ou como agente virtual, como em (12)

(12) assessorar, monitorar, agenciar, gerenciar etc.

ou na representação de ações que provocam mudança de estado, se tiverem base adjetiva, como o que segue:

(13) legitimar, positivar, ativar, inocentar, isentar.

As formações em -ear são menos frequentes, mas também são usadas em novas construções. Em alguns casos, indicam aspecto iterativo na representação do ato verbal; em outros, funcionam apenas como alternativas fonológicas para as formações em -ar, conforme exemplificado em (14), em que os dados de a. apresentam aspecto, mas não os de b.:

(14) a. golpear, costear, baquear, negacear, pentear, passear, bombear.
b. faxear, patentear, presentear, laquear, escanear.

FORMAÇÕES PARASSINTÉTICAS

Na derivação parassintética, as estruturas mais produtivas correspondem às sequências en-Adj-ecer, en-S/Adj-ar, e a-S/Adj-ar.

Na estrutura en-Adj-ecer, os produtos sempre representam mudança de estado:

(15) endurecer, enrijecer, envelhecer, enriquecer, empobrecer, enlouquecer.

Existem também formações em a-S/Adj-ecer, assim como formações en-S-ecer, como as seguintes:

(16) a. amanhecer, anoitecer, amadurecer, apodrecer, amortecer.
b. entardecer, enraivecer.

mas os padrões correspondentes não são utilizados em formações novas.

Nas formações parassintéticas com -ar, o significado de ação é mais forte, embora a representação de mudança de estado também esteja presente, sobretudo nas formações de base adjetiva. Formações en-Adj-ar correspondem a mudança de estado; formações en-S -ar correspondem a processos de locação, em que o substantivo base pode representar ou o elemento recipiente, concreto (gaveta, caixote) ou construído (pilha, fileira), ou o elemento colocado (palha, sabão etc.), como vemos em (17)

> (17) a. encurvar, encurtar, encompridar, engrossar, engordar.
> b. empalhar, engavetar, ensaboar, empilhar, enfileirar, emparelhar, enrolar, enfaixar.

Já nas formações a-S/Adj-ar, todos os casos são de mudança de estado, como vemos em (18), sendo que quando a base é substantiva a mudança de estado indica apenas aproximação

> (18) a. alongar, ajuntar, apatetar, alisar, aproximar, ajustar.
> b. aveludar, atapetar, acetinar, amoldar, abrasileirar, acinzentar.

As estruturas arroladas são apenas as mais produtivas na formação de novos verbos; outras combinações, como vemos em repatriar, esfarelar, deportar etc., embora possíveis, apresentam produtividade marginal.[4]

NOTAS

[1] É interessante observar que, embora verbos também designem estados, os processos de formação produtivos correspondem apenas a ações e processos.
[2] Observe-se, também, que o próprio objeto carimbo só existe em função do ato correspondente.
[3] A frase (5), por exemplo, poderia ser continuada com algo como "mas nunca endurece completamente".
[4] Para diferentes análises envolvendo a formação de verbos, ver, entre outros, Guillén (1986), Martins (1991), Basilio e Martins (1996), Rio-Torto (1998b).

EXERCÍCIOS

1. Quais são as principais características dos verbos? Mostre essas características em dois verbos quaisquer.

2. Por que formamos verbos a partir de substantivos? Ilustre a resposta analisando as formações telefonar e perfumar.

3. Mostre, através de exemplos, que verbos formados a partir de adjetivos para designar mudança de estado não se pronunciam necessariamente sobre a completude da mudança.

4. Dadas as seguintes frases com verbos derivados, verifique se a mudança de estado (a) é interna ou tem um causador; e (b) é total ou apenas se aproximando do estado-alvo:
   a. Maria emagreceu muito.
   b. Maria enlouqueceu.
   c. Maria preferiu cristalizar o açúcar.

5. Recolha em textos acadêmicos ou nas seções de economia e política de jornais cinco frases usando formações recentes de verbos em X-izar.

6. Qual a principal diferença semântica entre formações como as abaixo?
   a. legitimar, inocentar
   b. minimizar, suavizar

7. Dados os verbos abaixo, identifique aqueles em que o substantivo base corresponde ao objeto da ação:
   criticar – censurar – escovar – limar – gritar – beliscar – encaixotar

8. Identifique, nos verbos abaixo, se o substantivo representa um recipiente, concreto.

   encapar – apimentar – atapetar – engarrafar – encaracolar – emoldurar

9. Identifique os processos de formação nos verbos abaixo:
   afugentar – contabilizar – secretariar – enrijecer – engraxar – apimentar

10. Dê exemplos de formações parassintéticas de produtividade baixa.

Principais processos de mudança de classe: formação de substantivos

O substantivo é definido semanticamente como uma palavra que designa seres ou entidades. Gramaticalmente, o substantivo constitui o núcleo de estruturas nominais, tais como o sujeito, os objetos direto e indireto e o agente da passiva, assim como expressões regidas de preposição. Os processos de formação de substantivos servem ao propósito de produzir palavras designadoras de seres ou entidades, ou palavras nucleares de estruturas nominais. Morfologicamente, a formação de um substantivo sempre corresponde à formação de uma palavra que apresenta as categorias de gênero e número, a qual determina a concordância de seus modificadores e determinantes (artigo, adjetivos e pronomes).

FORMAÇÃO DE SUBSTANTIVOS A PARTIR DE VERBOS

A formação de substantivos a partir de verbos tem três motivações principais: a motivação semântica ou denotativa, que corresponde a utilizar o significado do verbo para denotar seres e entidades; a motivação gramatical, que corresponde à adaptação do verbo a contextos sintáticos que exigem um substantivo; e a motivação textual, de concretização sintática, que corresponde ao uso de um substantivo derivado do verbo para fazer referência a uma estrutura verbal anteriormente utilizada no texto. Nas próximas seções, estudaremos as três possibilidades, já mencionadas no capítulo 4.

FUNÇÃO DENOTATIVA

O verbo é uma palavra que denota ações, estados etc., mas com a função de predicar. É importante observar que, na forma verbal, a denotação não pode ser separada da função predicadora, como vemos nas frases abaixo:

(1) a. A chuva destruiu o poste de eletricidade.
   b. *Destruiu o poste de eletricidade.
   c. *A chuva destruiu.

(2) a. Elegeremos um novo presidente no próximo ano.
b. *Elegeremos no próximo ano.

Vemos que em (1) o verbo destruir não pode ocorrer sem sujeito; também o objeto tem que ser explicitado. Do mesmo modo, temos que especificar em (2) o agente e o objeto da eleição.[1] Em ambos os casos, é obrigatório situar no tempo o que está sendo dito.

Podemos, então, constatar que a natureza gramatical do verbo é tal que sempre que usamos um verbo temos que especificar as categorias de tempo, modo e número-pessoa, assim como sujeito e complementos.

Mas as noções veiculadas pelos verbos podem nos ser necessárias para a comunicação fora da situação de predicação numa frase particular. Para atender a essa necessidade, a referência a essas noções deve ser feita através de palavras caracterizadas como designadoras, ou seja, os substantivos.

Portanto, formamos substantivos a partir de verbos para denotar o significado verbal como uma entidade ou conceito em si, fora da situação de predicação, como em (3) e (4)

(3) Odeio violência e destruição.
(4) É difícil acreditar em eleições.

Em (3), destruição se refere tão somente à noção verbal em si, generica-mente, sem nenhuma especificação. Em (4), a referência é feita apenas ao processo genérico correspondente a eleger. Em ambos é eliminado qualquer contexto particular.

Com o uso do infinitivo, temos uma situação intermediária, em que se eliminam as circunstâncias temporais, mas não a relação entre eventos, causadores etc.:

(5) Odeio destruir.
(6) Está difícil eleger alguém decente.

Em (5), mesmo com utilização do Infinitivo, o verbo continua especificando um agente para o significado de destruir (no caso, o falante); e a ausência do objeto provoca um certo desconforto. Em (6), ainda que indefinidos, o agente e o beneficiário têm que estar presentes; ou seja, apesar de ser introduzido um elemento de indefinição, como o nome Infinitivo indica, permanece o verbo como elemento fundamentalmente predicador. Só a transformação do verbo em substantivo dá a condição ideal para a designação genérica de eventos e demais noções verbais.

MOTIVAÇÃO GRAMATICAL

A formação de substantivos a partir de verbos surge também da motivação gramatical de possibilitar o uso do verbo em estruturas que sintaticamente exigem um substantivo. Um exemplo bem característico desse tipo de motivação é o das nominalizações[2] em expressões com verbos de suporte[3], conforme ilustrado abaixo:

> (7) a. Maria deu um grito e desmaiou.
> b. João vai fazer uma declaração de voto.
> c. Maria deu uma saída rápida.
> d. A diretora fez uma observação interessante.

Em todos os exemplos de (7), usa-se uma expressão com um verbo de suporte em lugar da forma verbal. A construção perifrástica exige um verbo de suporte e a forma nominalizada do verbo correspondente. Temos, portanto, um requisito gramatical da estrutura da expressão perifrástica.

MOTIVAÇÃO TEXTUAL

A formação de substantivos a partir de verbos também se faz por motivos de ordem textual. A principal instância desse caso é a função de anáfora, que corresponde ao uso de um substantivo derivado do verbo para fazer referência a uma estrutura verbal anteriormente utilizada no texto. A utilização de formas nominalizadas para substituir frases predicadas por verbos é essencial na construção do texto escrito, na medida em que permite representar de modo unificado e através de uma única palavra toda uma proposição, conforme exemplificado:

> (8) O presidente eleito decidiu indicar pessoas de sua confiança para as posições-chave do governo. A decisão terá implicações complexas.

Em (8), decisão substitui todo o período anterior, assim transferindo a informação para o período seguinte; a forma nominalizada é crucial para a continuidade do tópico na construção do texto. A nominalização do verbo em função de anáfora, portanto, faz parte da estrutura do texto escrito, embora manifestada na estrutura gramatical.

DESVERBALIZAÇÃO

Dado que categorias como tempo, modo e número-pessoa, assim como transitividade, são propriedades fundamentais do verbo e não do substantivo, a mudança de classe de verbo para substantivo desfaz a obrigatoriedade de especificar tempo e modo verbais e explicitar agentes e objetos ou beneficiários do processo verbal. Esses últimos podem vir explicitados, mas por requisitos de informação, não por requisitos gramaticais, como podemos constatar:

(9) a. A declaração do delegado de que a polícia não descansaria enquanto não desmantelasse todas as quadrilhas que atuavam na periferia tranquilizou temporariamente os cidadãos.
b. A declaração de que a polícia não descansaria enquanto não desmantelasse todas as quadrilhas que atuavam na periferia tranquilizou temporariamente os cidadãos.
c. A declaração do delegado tranquilizou temporariamente os cidadãos.
d. A declaração tranquilizou temporariamente os cidadãos.

Em (9)b., c. e d. temos que, do ponto de vista gramatical, a forma nominalizada pode ocorrer com ou sem menção do sujeito, do objeto ou de ambos.

Ou seja, a nominalização do verbo nos permite expressar a noção verbal em si, sem as amarras dos requisitos gramaticais do verbo. Podemos, assim, falar do evento verbal sem situá-lo no tempo, ou sem mencionar o agente, ou sem mencionar complementos etc.

PRINCIPAIS PROCESSOS DE FORMAÇÃO

A formação de substantivos a partir de verbos pode ser feita por sufixação ou pelo processo tradicionalmente conhecido como derivação regressiva. As estruturas mais produtivas para a formação de verbos por sufixação são as correspondentes à adição dos sufixos -ção, -mento, -da e -agem.

As formações de estrutura [V-ção]N são as mais produtivas, correspondendo a cerca de 60% das formações regulares em dois estudos recentes. Nos mesmos estudos, as formações em -mento corresponderam a cerca de 20% das formações regulares.[4]

Uma das razões para o uso mais frequente de -ção e -mento em oposição aos demais processos é o fato de que esses sufixos são semanticamente vazios, enquanto sufixos como -da e -agem apresentam especificações semânticas que restringem suas possibilidades de combinação com diferentes bases ou radicais.

Quanto à significativa percentagem de utilização de -ção sobre -mento, ela se deve, pelo menos em parte, ao fato de formações novas em -izar forçarem a escolha de -ção. Alguns exemplos de formas em -ção e -mento são dados abaixo, incluindo formas tradicionais e formações mais recentes:

(10) a. especificação, realização, formação, sufixação, significação, derivação.
b. dolarização, talibanização, tucanização, mexicanização, favelização.
(11) a. batimento, entendimento, contentamento, impedimento, envolvimento.
b. escaneamento, zoneamento, estacionamento, contingenciamento

Como vemos em (10) b, novos verbos formados com -izar constituem uma significativa fonte de bases que alimenta a frequência de uso do sufixo -ção.

As demais estruturas apresentam percentagens relativamente pequenas em análises de *corpus*. No entanto, o caso da estrutura [V-da]N é de interesse. Formas [V-da]N são via de regra nominalizações de verbos de movimento, conforme vemos em (12),

(12) entrada, saída, chegada, partida, vinda, ida etc.

sendo menos frequentes por causa dessa restrição semântica.

Existe, entretanto, uma outra possibilidade para as formas nominalizadas em -da: a formação de expressões perifrásticas. A expressão dar uma [V-da] é de grande utilização como elemento atenuador do verbo na língua falada coloquial e a possibilidade de novas formações é muito grande, embora isso não apareça com facilidade em análises de *corpus* de escopo mais limitado. Alguns exemplos seguem abaixo:

(13) a. dar uma entrada/saída/passada/lida/estudada/chegada/olhada
b. dar uma temperada no bife, uma lavada no carro, uma historiada no processo, uma analisada na questão, uma vacilada na hora h, uma alavancada na situação etc.

Assim, se levarmos em conta essa segunda possibilidade, o teor de ocorrência de estruturas nominalizadas [V-da] passa a ser significativo.

DERIVAÇÃO REGRESSIVA

As formações por derivação regressiva [V-a]N, [V-o]N, [V-e]N são também bastante frequentes.[5] Existe um problema, entretanto, em relação a essas formações: é difícil determinar quais formas devemos considerar como deverbais e, portanto, derivações regressivas, e quais devemos considerar como básicas, ou seja, substantivos, de que derivariam os verbos. O problema é ilustrado em (14) a (16):

(14) a. Maria gosta de gritar.
   b. Maria deu um grito.
(15) a. Maria encaixou o cubo pequeno no grande.
   b. Este brinquedo está com um problema de encaixe.
(16) a. O chefe criticou o trabalho de Pedro.
   b. O chefe fez uma crítica ao trabalho de Pedro.

Nas frases de (14) e (16) é patente a dificuldade de se determinar a direcionalidade do processo, na medida em que ambas as formas grito e crítica poderiam ser consideradas ou substantivos básicos de que os verbos derivaram ou substantivos formados por derivação regressiva a partir dos verbos correspondentes.[6] Já em (15), as características morfológicas anteriores (encaixar é formado por derivação parassintética a partir de caixa) mostram que encaixe é derivado do verbo. Alguns exemplos tradicionais e recentes de formações regressivas são:

(17) a. badalo, agito, sufoco, apronto, adianto, aguardo.
   b. desmonte, repasse, desengate, desencaixe, toque, retoque, ataque.
   c. luta, crítica, censura, procura, escolha, venda, fuga.

A derivação regressiva com apoio na vogal -a só ocorre em formações tradicionais, ao contrário da baseada em -o, utilizada em formações recentes de caráter giriático, como vemos em (17)a. e c. Formações em -e são também produtivas, sobretudo em verbos prefixados com re- e des-, nos quais a derivação regressiva é relativamente comum.

FORMAÇÃO DE NOMES DE AGENTE E INSTRUMENTO

A formação de substantivos a partir de verbos também atende à função semântica de aproveitar a noção do verbo para denotar seres. A formação dos chamados nomes de agente tem como produto palavras que designam um ser pela prática ou exercício de uma ação ou atividade, especificada pelo verbo. O processo de formação também se estende à nomeação de objetos instrumentais, cuja função principal é definida pelo significado do verbo.

Os nomes de agente e instrumentais podem ser formados praticamente a partir de qualquer verbo de ação. Essas formações são utilizadas em larga escala em sistemas de nomenclatura, como ocupações profissionais, mecanismos abstratos, substâncias ativas etc. Nesse caso, os substantivos designam seres através de uma caracterização genérica:

(18) a. O cobrador vem sempre na primeira semana do mês.
b. O redutor é aplicado sobre o total da poupança.
c. O tranquilizante não deve ser tomado de estômago vazio.

Em (18), os três exemplos mostram caracterizações genéricas: cobrador se refere a quem estiver exercendo a função, redutor é um mecanismo abstrato de redução e tranquilizante é uma substância nomeada por sua função.

Mas a caracterização também pode ser habitual ou mesmo eventual, isto é, podemos caracterizar um ser também pelo hábito de alguma atividade ou por ter exercido uma atividade num determinado momento, como vemos nos exemplos que seguem:

(19) a. Madrugadores em geral não gostam de festas.
b. O vencedor do concurso pode buscar seu prêmio a partir de hoje.
c. Os visitantes gostaram muito da cidade, mas ficaram exaustos.

Em (19)a. os seres referidos por madrugadores são caracterizados por seu hábito de acordar cedo; em (19)b., e c. a caracterização é eventual, a alguém que venceu um concurso específico ou a pessoas que visitaram uma cidade num determinado momento.

ASPECTOS GRAMATICAIS

Como substantivos, os nomes de agente se comportam como qualquer outro substantivo, embora possam também ser usados em algumas circunstâncias como adjetivos.[7] Entretanto, ao contrário dos demais substantivos deverbais, os nomes de agente propriamente ditos, que se referem a seres humanos, apresentam, por esse motivo, a propriedade semântico-gramatical de flexão de gênero. Assim, todo e qualquer nome de agente determinará a oposição masculino/feminino em seus modificadores e determinantes a partir do sexo do referente, conforme exemplificado abaixo:

(20) a. Meu escritor favorito parou de escrever.
b. Estão baixos os índices de popularidade da governadora do estado.
c. As serventes do turno da manhã organizaram um protesto.

Em (20) a. e b., vemos que nomes de agente apresentam flexão de gênero; (20) c. ilustra a situação dos nomes de agente uniformes, que têm a mesma forma para os dois gêneros, mas acionam diferentes mecanismos de concordância.

PRINCIPAIS PROCESSOS DE FORMAÇÃO

Os principais processos de formação de nomes de agente e instrumentais a partir de verbos correspondem à adição dos sufixos -dor e -nte. Do ponto de vista das construções já feitas, -dor e -nte são usados indiferentemente em várias funções. Do ponto de vista das formações no português contemporâneo, no entanto, existem tendências marcadas para a utilização de cada um.

O sufixo -dor é utilizado, sobretudo, para a caracterização genérica de profissões, cargos e funções; para a caracterização habitual; para a designação de instrumentais de ordem mecânica, eletrônica ou abstrata e para a caracterização eventual, conforme exemplificamos em (21)

(21) a. cobrador, varredor, administrador, maquiador, vendedor, governador.
b. madrugador, comprador, jogador, agitador, colecionador, seguidor.
c. computador, ventilador, refrigerador, indexador, controlador.
d. vencedor, perdedor, ganhador, sorteador, iniciador, portador.

O sufixo -nte é utilizado, sobretudo, para a caracterização de seres por uma ação, atividade ou situação em curso e para a caracterização de substâncias ativas, como vemos em (22)

(22) a. manifestante, representante, visitante, iniciante, militante, litigante.
b. calmante, adoçante, solvente, refrigerante, hidratante, amaciante, alvejante.
c. sobrevivente, repetente, ouvinte, amante, desistente, crente.

FORMAÇÃO DE SUBSTANTIVOS A PARTIR DE ADJETIVOS

Embora adjetivos também sejam predicadores, a função do adjetivo é menos central que a do verbo na estrutura do texto. Nesse aspecto, a formação de substantivos a partir de adjetivos se distancia das funções que encontramos na nominalização deverbal. Vamos encontrar fundamentalmente duas funções na formação de substantivos a partir de adjetivos: a denotativa e a gramatical.

FUNÇÃO DENOTATIVA

Do mesmo modo que os verbos, os adjetivos denotam qualidades para atribuí-las a substantivos, de modo que a denotação dessas propriedades não se separa da função predicadora. Assim, se quisermos fazer referência a qualidades e propriedades como entidades abstratas, teremos que formar substantivos a partir dos adjetivos, conforme exemplificado:

> (23) a. O texto agora está legível.
> b. A legibilidade é a primeira qualidade que temos que exigir num texto.
> (24) a. Os alunos mais experientes terminaram logo o trabalho.
> b. A experiência é o melhor indicador de produtividade.

Em (23)a., *legível* predica *texto*; em (23)b., fala-se sobre a propriedade em si de ser legível. O mesmo tipo de distinção pode ser verificada entre (24)a. e (24)b.

Ou seja, como o significado dos adjetivos não pode ser desligado da função de atribuição, devemos formar um substantivo quando queremos nos referir a uma propriedade ou qualidade qualquer, em abstrato. É essa a motivação semântica básica para a formação de substantivos a partir de adjetivos.

OUTRAS MOTIVAÇÕES

Mas essa não é a única motivação para formarmos substantivos a partir de adjetivos. A transformação de adjetivo em substantivo é necessária também quando queremos nos referir a alguma qualidade que alguém/algo possui, em vez de atribuí-la a este algo ou alguém. Vejamos, por exemplo, as frases:

> (25) a. Pedro é honesto.
> b. A honestidade de Pedro me tranquiliza.

Em (25)a., temos o adjetivo honesto predicando Pedro. Em (25)b., estamos nos referindo a uma qualidade de Pedro. Portanto, temos que usar o substantivo derivado do adjetivo.

Adicionalmente, assim como vimos em relação a verbos, a utilização do substantivo derivado do adjetivo também pode ocorrer em função de anáfora, ou seja, para substituir uma estrutura em que o adjetivo funciona como predicador, como vemos:

(26) É ainda possível que haja novo corte de energia. Essa possibilidade assusta.
(27) A possibilidade de se concretizar um corte de energia assusta a todos.

em que (26) e (27) ilustram dois níveis de compactação.

A formação de substantivos a partir de adjetivos também é motivada por processos retóricos de enfatização. Em especial, a predicação pode ser enfatizada pela forma nominalizada do adjetivo nas expressões do tipo "é uma ___", que ilustramos em (28):

(28) a. Isso aí é uma bobagem.
　　 b. Este livro é uma preciosidade.
　　 c. O que você está dizendo é uma loucura.
　　 d. É uma indignidade pensar que eu aceitaria tal proposta.

Finalmente, substantivos derivados de adjetivos também podem designar não uma qualidade, mas seres ou entidades que se caracterizem por essa qualidade, como observamos abaixo:

(29) a. A maldade do ser humano.
　　 b. As maldades do ser humano.
(30) a. A atrocidade da guerra.
　　 b. As atrocidades da guerra.
(31) a. A indignidade da proposta.
　　 b. As indignidades da proposta.

Em a., as referências são à qualidade abstrata correspondente ao adjetivo; em b., designam-se coisas ou fatos caracterizados pelas qualidades correspondentes aos adjetivos. Quando substantivos designam algo caracterizado pelo significado do adjetivo, ou seja, uma coisa pela sua qualidade fundamental, passam a ter uma acepção concreta e, portanto, passam a ser pluralizáveis, como vimos em b.

PRINCIPAIS PROCESSOS DE FORMAÇÃO

A formação de substantivos a partir de adjetivos é feita por sufixação. As estruturas mais produtivas são as correspondentes aos sufixos

-idade, -eza e -ice, embora haja muitos outros sufixos formadores, como -idão, -ura, -itude, -ismo etc.

O sufixo -idade é o sufixo mais utilizado para a formação de substantivos a partir de adjetivos na língua formal. Embora possa ocorrer em qualquer tipo de construção, o sufixo -idade se adiciona sobretudo a formas já derivadas. Assim, a formação de substantivos a partir de adjetivos com as estruturas [X-al], [X-vel], [X-tivo],[X-ico], [X-ário] etc. é feita pelo sufixo -idade, como ilustramos em (32)

(32) a. sinceridade, piedade, maldade, bondade, verdade.
b. nacionalidade, fatalidade, racionalidade, liberalidade, vitalidade.
c. viabilidade, amabilidade, estabilidade, mobilidade, credibilidade.
d. objetividade, atividade, inventividade, criatividade.
e. historicidade, cientificidade, especificidade.

Já o sufixo -eza se combina apenas com bases não derivadas, como mostramos:

(33) beleza, pureza, crueza, dureza, baixeza, riqueza, pobreza, ligeireza.
(34) *[[Xal]eza],[[Xvel]eza], [[Xtivo]eza], [[Xário]eza] etc.

em que (34) expressa a constatação de que qualquer adjetivo com a estrutura [X-al], [X-vel], [X-tivo] ou[X-ário] não pode servir de base para uma formação com -eza.

Embora ambos os sufixos sejam produtivos, o fato de que apenas -idade se combinar com bases de estrutura morfológica complexa faz com que esse seja um sufixo muito mais utilizado, pois o número de suas bases possíveis sempre se expande, ao contrário de -eza, que apresenta um número bem menor de possibilidades concretas de utilização, já que só se adiciona a bases primitivas.

O sufixo -ice tem situação diferente dos demais porque apresenta, junto com a mudança de classe, uma conotação pejorativa. Assim, muitas vezes a escolha do sufixo -ice deriva da semântica correspondente a elementos considerados negativos, conforme ilustrado:

(35) chatice, burrice, pieguice, bestice.

ou coloca uma visão pejorativa em bases neutras, como em (34)

(36) gramatiquice, literatice, democratice.

apesar de ter ocorrência neutra em formas mais antigas da língua, tais como velhice, meninice e meiguice.[8]

NOTAS

[1] No caso de (2), o sujeito está explicitado na desinência número-pessoal.

[2] Substantivos deverbais podem também ser chamados de nominalização ou forma nominalizada do verbo.

[3] Verbos semanticamente esvaziados que formam com o SN objeto uma expressão verbal na qual o verbo contém as propriedades verbais gramaticais e o significado nuclear é dado pelo SN.

[4] Os estudos focalizaram tanto a língua escrita quanto a língua falada, em *corpora* de tamanho equivalente. V. Basilio (1996) e Albino (1993).

[5] Numa análise de formas nominalizadas com um *corpus* de cerca de 500 verbos do português, cerca de 1/3 das formas nominalizadas eram desse tipo. V. Basilio (1980).

[6] Observem, aliás, que nenhum dos dois casos tem semântica clara no que concerne ao conceito de ação, normalmente utilizado pela gramática tradicional para definirmos se uma forma é regressiva ou não.

[7] Ver capítulo "Adjetivo ou substantivo?"

[8] Para diferentes aspectos da formação de substantivos, ver, entre outros, Basilio (1980, 1986, 1987, 1995, 1996); Azevedo (1992); Albino (1993), Gunzburger (1979), Miranda (1980); sobre derivação regressiva, v. Basilio (1987), Gamarski (1988), Lobato (1995).

EXERCÍCIOS

1. Identifique, nas frases seguintes, a predominância da função denotativa, gramatical ou textual nas formas nominalizadas deverbais:

    a. Todos gostam de comemorações.

    c. O ministro comunicou a sua inabalável decisão de renunciar.

    d. João deu uma lida no texto.

2. Mostre, através de um exemplo com suas variações, que a forma nominalizada pode ocorrer com ou sem menção do sujeito, do objeto ou de ambos.

3. Veja uma página de jornal (*Globo, Folha de S.Paulo, JB* etc.) e conte a proporção de ocorrência de formas com -ção, -mento, -da e -agem. Verifique em quais funções as formas ocorrem.

4. Dê dois exemplos de nominalização em função de anáfora.

5. Dê dez exemplos de formações do tipo "dar uma X-da" ou "fazer uma X-ção".

6. Devemos considerar as formas grito, trabalho, uso e causa como derivações regressivas? Por quê? Discuta as alternativas.

7. Qual é a diferença entre nomes de agente eventuais e nomes de agente genéricos? Dê duas frases como exemplo de cada.

8. Há diferença de valor ou emprego entre os sufixos -dor e -nte? Ou ambos são usados indiferentemente?

9. Quais são as principais motivações que temos para formar substantivos a partir de adjetivos?

10. Podemos dizer que o sufixo -idade é mais produtivo que os outros? Por quê?

11. Explique a diferença de emprego de -ice e dê exemplos.

12. Assinale abaixo os casos em que o substantivo derivado do adjetivo apresenta uma acepção concreta:

    a. João me fez uma grande maldade.
    b. Maria é de uma crueldade inacreditável.
    c. A maldade naquela família é hereditária.
    d. A carta era um punhado de vulgaridades.

PRINCIPAIS PROCESSOS DE MUDANÇA DE CLASSE: FORMAÇÃO DE ADJETIVOS

Adjetivos denotam qualidades e propriedades em geral, atribuindo-as aos substantivos a que se referem. Processos de formação de adjetivos servem ao propósito de formar predicadores ou elementos de atribuição de qualidades e propriedades a substantivos.[1] Gramaticalmente, adjetivos derivados funcionam como os demais adjetivos, acompanhando o substantivo a que se referem, com o qual concordam em gênero e número. Diferentes processos de formação produzem adjetivos derivados uniformes, isto é, com apenas uma forma para os dois gêneros, ou biformes, ou seja, apresentando uma forma para cada gênero. Por exemplo, a adição do sufixo -al a substantivos forma adjetivos uniformes; a adição do sufixo -oso forma adjetivos biformes.

Podemos distinguir nos adjetivos uma função denotativa pela qual o adjetivo acrescenta uma propriedade semântica às propriedades do substantivo referido, de tal modo que o conjunto substantivo+adjetivo passa a ser um novo designador; e uma função predicativa, em que o adjetivo atribui uma qualidade ao objeto referido pelo substantivo. Por exemplo, em indústria cultural o adjetivo cultural acrescenta uma especificação semântica a indústria, de tal modo que a expressão indústria cultural designa algo distinto do que é designado por indústria. Já em indústria ultrapassada o adjetivo ultrapassada atribui um juízo de valor a alguma indústria em particular ou à atividade industrial em geral, sem haver diferença de designação.

A essa distinção semântica entre adjetivos de função denotativa e de função predicativa correspondem aspectos sintáticos. Normalmente, os adjetivos de função denotativa não podem ser intensificados, ou seja, não são usados no superlativo ou com expressões adverbiais de intensificação; e não são usados com verbos que indicam avaliação, tais como julgar, achar, considerar etc., como vemos:

(1) *A indústria extremamente cultural está se desenvolvendo.
(2) Muitos consideram a indústria ultrapassada.
(3) *Muitos consideram a indústria cultural.

Em (2) e (3) vemos que o adjetivo ultrapassada, mas não cultural, pode ser usado com o verbo considerar; em (1) verificamos que, como modificador de indústria, cultural também não pode ser usado com extremamente.

FORMAÇÃO DE ADJETIVOS A PARTIR DE SUBSTANTIVOS

Formamos adjetivos a partir de substantivos para que o material semântico contido nos substantivos possa ser usado como instrumento de atribuição de propriedades. Vejamos os exemplos:

(4) A indústria cultural mostrou sinais de recuperação.
(5) Este negócio é vantajoso.

Em (4), a partir de cultura formamos cultural, usado para atribuir à indústria a propriedade de produzir bens relativos à cultura; em (5) vantagem é a base de vantajoso, utilizado para atribuir a propriedade de apresentar vantagem a um negócio específico, sinalizado pelo demonstrativo. No primeiro exemplo, a função é denotativa; no segundo, predicativa.

O processo formador do adjetivo pode adicionar elementos semânticos aos do substantivo base, como acontece em (5), em que a noção "provido de" é veiculada pelo sufixo -oso; ou pode ser semanticamente vazio, como em (4), em que -al, ao formar o adjetivo cultural, apenas coloca cultura como base de uma relação de pertinência.[2]

PRINCIPAIS PROCESSOS DE FORMAÇÃO

Nos principais processos de formação de adjetivos a partir de substantivos é importante distinguir os processos semanticamente vazios, mas produtivos em seu conjunto, daqueles que trazem noções adicionais. Dentre os semanticamente vazios, os mais usados são os correspondentes à adição dos sufixos -al, -ico e -ário. Dos que carreiam noções adicionais, os sufixos -oso, -udo e -ado dão a noção de provimento; -ês, -ense e -ano dão noção de origem.

O sufixo -al se adiciona sobretudo a substantivos de origem latina, primitivos ou derivados. O teor de utilização de -al é significativo tanto na língua formal quanto na língua coloquial. Usado com bases que contenham /l, muitas vezes -al assume o alomorfe -ar,[3] como:

(6) a. individual, industrial, caricatural, central, hexagonal, adicional.
     b. familiar, similar, disciplinar, linear, angular, crepuscular, polar.

O sufixo -ico se adiciona a radicais gregos, constituindo-se num caso peculiar na medida em que opera basicamente sobre formas presas, sobretudo compostas, embora também possa se adicionar a bases livres não derivadas. É característico da língua culta, sobretudo formal e acadêmica. Alguns exemplos tradicionais e de formação recente são dados em (7), em que a. contém formações a partir de radicais:

(7) a. psíquico, anárquico, estético, lógico, enérgico, elétrico.
     b. simbólico, patriótico, poético, histórico, alcoólico, cênico, lírico.
     c. genômico, ecológico, talibânico.

O sufixo -oso se adiciona a substantivos latinos primitivos ou derivados e acrescenta a ideia de posse ou provimento em relação ao significado da base. Alguns exemplos:

(8) valoroso, montanhoso, perigoso, preguiçoso, oleoso, rochoso, brilhoso.

Os sufixos -ês e -ense formam adjetivos pátrios e correlatos, adicionando-se, portanto, a nomes próprios de locais ou nomes comuns de tipos de locais, conforme ilustramos:

(9) a. camponês, montanhês, japonês, português, francês, javanês.
     b. fluminense, angrense, cearense, amazonense, paraense.

O sufixo -ano também forma adjetivos pátrios e correlatos além de indicar outros tipos de origem, como autoria, ou mesmo outros tipos de pertinência. Vejam os exemplos:

(10) a. serrano, tijucano, suburbano, peruano, boliviano, americano.
     b. saussureano, kantiano, hegeliano, laboviano.

O sufixo -ário forma adjetivos de base latina a partir de bases presas e formas livres primitivas ou derivadas. É utilizado sobretudo numa linguagem mais formal. Alguns exemplos:

(11) universitário, monetário, bancário, inflacionário, autoritário, prioritário.

FORMAÇÃO DE ADJETIVOS A PARTIR DE VERBOS

Tanto o verbo quanto o adjetivo são predicadores, mas o verbo denota eventos e relações representados no tempo enquanto o adjetivo denota qualidades e propriedades tidas como estáveis. Formamos adjetivos a partir de verbos sobretudo para usar a noção verbal de evento ou seu efeito para a atribuição de propriedades a substantivos. Vejamos os seguintes exemplos:

(12) a. O vestido rasgou.
 b. O vestido rasgado.
(13) a. Aquele filme me emocionou muito.
 b. Certos filmes são emocionantes.

Em (12)a., rasgou constitui o predicado, representando no tempo um evento que afeta vestido; em (12)b., rasgado indica uma propriedade que identifica vestido. Em (13)a., emocionou se refere a um evento específico de causação de sentimento ao falante por um filme específico num dado momento no passado; em (13)b., fala-se da propriedade genérica de certos filmes de causar emoções.

MOTIVAÇÃO GRAMATICAL

Mas a formação de adjetivos a partir de verbos também pode ter função gramatical. Nesse ponto, a construção mais importante é o particípio passado, formado a partir do verbo para a expressão da voz passiva, cujo mecanismo requer, do ponto de vista estrutural, a conjunção do verbo auxiliar com a forma adjetivada do verbo semanticamente pleno, a qual concorda em gênero e número com o sujeito, como vemos em (14) a (16)

(14) A roupa foi lavada às pressas.
(15) Os livros foram vendidos ontem.
(16) As fotografias já tinham sido recolhidas na parte da manhã.

Como a forma do particípio passado é necessária para a formação canônica da passiva, podemos dizer que há uma motivação gramatical na formação de adjetivos de verbais.[4] Isso, entretanto, não impede a utilização de adjetivos deverbais em -do independentemente dessa motivação gramatical, como podemos ver a seguir:

(17) Ele quer casa, comida e roupa lavada.
(18) Maria ficou emocionada/cansada/esgotada/assustada/deprimida.
(19) Pode tirar da lista os livros esgotados/manchados/descosidos/ rasgados.
(20) João é atrevido/ousado/educado/organizado/viajado.

Em (17) a (20), vemos que a formação de adjetivos correspondentes a particípios passados vai além da utilização da voz passiva, tanto porque se estende a verbos que não têm voz passiva quanto porque, mesmo nos que a têm, a utilização não é necessariamente de motivação gramatical.

PRINCIPAIS PROCESSOS DE FORMAÇÃO

Os principais processos de formação de adjetivos a partir de verbos correspondem à adição dos sufixos -nte, -(t)ivo, -(t)ório, -vel e -do.

O sufixo -nte, que fazia parte da flexão verbal no latim, correspondendo ao particípio presente, passou a ser no português atual tanto um formador de nomes de agente como um sufixo produtivo formador de adjetivos.[5]

Como formador de adjetivos, o sufixo -nte se adiciona, sobretudo, a verbos (a) de causação de sentimento; (b) de movimento ou reação fisiológica; e (c) indicadores de estado, conforme exemplificado:

(21) a. comovente, fascinante, edificante, neurotizante, deprimente, instigante.
b. rastejante, bruxuleante, ofegante, arquejante, resfolegante.
c. diferente, ocorrente, coincidente, aparente, distante, condizente.[6]

Os sufixos -tivo e -tório se adicionam sobretudo a verbos de ação com a finalidade de qualificarem substantivos através da noção veiculada pelo verbo base, conforme exemplificado:

(22) a. teor repetitivo, efeito predicativo, sentença declarativa, partícula interrogativa.
b. manobras protelatórias, atitudes reivindicatórias, instância decisória, período pré-operatório.

O sufixo -vel se adiciona a verbos, sobretudo transitivos, para formar adjetivos que qualificam substantivos como possíveis pacientes ou afetados pelo processo representado pelo verbo. Assim, por exemplo, a partir do verbo negociar se forma o adjetivo negociável, que pode ser usado para qualificar um substantivo qualquer como representando algo que pode ser paciente ou afetado pelo ato ou processo de negociar, ou seja, algo que possa ser negociado. Mas -vel também pode se adicionar a verbos não necessariamente transitivos. Quando usado com verbos mediais, o adjetivo produzido mantém a semântica de qualificar o substantivo referido como objeto potencial de afetação pelo processo verbal. Alguns exemplos estão em (23)

>
> (23) a. roupa lavável, problema contornável, doença curável.
>
> b. alimentos perecíveis, substâncias inflamáveis, metais oxidáveis.

Adjetivos deverbais formados com o sufixo -vel apresentam uma peculiaridade de uso. Tais adjetivos são usados frequentemente com o prefixo negativo, porque a negação da potencialidade do ato verbal, realizada através do adjetivo em -vel negado pelo prefixo, constitui um mecanismo enfático, conforme vemos em (24)

>
> (24) filme imperdível, aula interminável, pessoa incansável, compromissos inadiáveis, coisas impensáveis.[7]

O sufixo -do se adiciona virtualmente a qualquer verbo para a formação do particípio passado que, na forma variável, pode ser utilizado quer na formação da voz passiva, como vimos em (14) a (16), quer na adjetivação pura e simples, como nos exemplos (17) a (20).

VESTÍGIOS CATEGORIAIS EM ADJETIVOS FORMADOS DE VERBOS

Os adjetivos formados a partir de verbos mantêm alguns traços remanescentes de categorias verbais, formando uma teia de oposições que pode ser resumida como se segue:

>
> (25) a. oposição de aspecto inconcluso/concluso: formações em -do (concluso)/formações em -vel, -nte etc.
>
> b. oposição ativo/passivo: formações em -do e -vel (passivo)/formações em -nte, -tivo, -tório
>
> c. oposição de modo potencial/real: formações em -vel (potencial)/formações em -do, -nte etc.

Os exemplos seguintes ilustram as oposições:

(26) roupa lavável/lavada; água fervente/fervida; procedimentos legislati-vos/matéria legislada.

(27) manobras protelatórias/votação protelada; doença curável/procedi-mentos curativos; cenas chocantes/expectadores chocados.

(28) atitude impensável/impensada; meta atingível/atingida.

Além das oposições de traços categoriais, vamos encontrar também como vestígios nos adjetivos derivados de verbos a possibilidade de manterem a explicitação do agente da passiva, conforme ilustrado em (29)

(29) A votação protelada pelos partidos da esquerda foi agendada para hoje.

Vemos, portanto, que adjetivos formados a partir de verbos mantêm algumas características de suas origens verbais.[8]

NOTAS

[1] Ou expressões substantivas. Adjetivos podem predicar orações substantivas ou expressões lexicalizadas de tamanhos variados.

[2] A ideia de produzir bens, mencionada anteriormente, faz parte da semântica de indústria, não sendo, portanto, vinculada à do adjetivo. A noção de relação de pertinência pode ser considerada uma noção semântica, mas é uma noção derivada do adjetivo como classe, e não de um sufixo específico.

[3] Alomorfe é uma forma alternativa de um morfema. Todos os afixos são morfemas.

[4] De acordo com abordagens tradicionais. Diferentes teorias linguísticas podem analisar a passiva de diferentes maneiras, inclusive considerando-a do ponto de vista discursivo e semântico e não propriamente gramatical.

[5] Aqui só trataremos do -nte formador de adjetivos. Para a formação de nomes de agente em -nte, v. o capítulo anterior.

[6] A produtividade de -nte é clara nos exemplos em a., mas precária nos casos b. e c.

[7] É de se observar que a forma não prefixada nem sempre é viável. Podemos falar em compromissos adiáveis, por exemplo, mas não em *pessoas cansáveis. Para uma análise dessas construções, v. Basilio (1992).

[8] Para a análise de diferentes aspectos da formação de adjetivos, v. Basilio e Gamarski (1999), Gamarski (1996 a e b), Lobato (1999).

EXERCÍCIOS

1. Explique, através de exemplos, a diferença entre função denotativa e função predicativa de adjetivos.

2. Assinale, nos dados abaixo, os adjetivos de função denotativa e os de função predicativa:

   a. João vai escrever um livro didático muito interessante.

   b. O sistema de folga semanal pode ser contraproducente.

   c. As medidas disciplinares foram severas demais.

3. Aponte, nos dados abaixo, os adjetivos que adicionam elementos semânticos à base substantiva no processo de formação:

atividade comercial – música barulhenta – renda familiar – dedos – ossudos – nível simbólico – doce saboroso – vinho francês – conta bancária – região montanhosa

4. Por que formamos adjetivos a partir de verbos? Dê um exemplo da diferença entre verbo e adjetivo como predicadores.

5. Nos dados abaixo, determine a motivação (gramatical ou semântica) e a função (denotativa ou predicativa) do adjetivo deverbal:
   (a) Este livro já foi publicado.
   (b) João é muito viajado.
   (c) Há vários tipos de frase declarativa.
   (d) Este filme é imperdível.

6. Dentre as seguintes formas, identifique os adjetivos deverbais:
   amante – pedinte – amável – estante – ousado – desgastante – frequente – corante delirante – terrível – ditado – demente – levado – preservativo – crível – guisado resultado – lavatório.

7. Podemos dizer que os adjetivos em -do não dependem da voz passiva para existirem? Justifique e exemplifique.

8. Discrimine, nos dados abaixo, os adjetivos em -vel (a) de uso enfático; (b) formados de verbos mediais; e (c) formados de verbos transitivos:
   doença incurável – texto ilegível – verdade insofismável – cólon – irritável – situação estável – elementos variáveis – fenômeno – controlável – entulho removível

9. Podemos dizer que as formas [in[X]vel] dependem da voz passiva para existirem?

10. Construa exemplos de adjetivos deverbais ilustrando as seguintes oposições: concluso/inconcluso; real/potencial; ativo/passivo.

PRINCIPAIS PROCESSOS DE MUDANÇA DE CLASSE: FORMAÇÃO DE ADVÉRBIOS

A FORMAÇÃO DE ADVÉRBIOS POR DERIVAÇÃO

A classe dos advérbios é um tanto marginal na formação de palavras, por não ser uma classe derivante. Ao contrário do que acontece nas outras classes, formamos advérbios apenas a partir de adjetivos; e não podemos formar palavras de nenhuma outra classe a partir de advérbios. Ou seja, os advérbios, uma vez derivados, não permitem derivações posteriores. Além disso, a formação de advérbios a partir de adjetivos se limita a advérbios que exercem a função de modificador do verbo e, eventualmente, de enunciados. Assim, abordaremos aqui apenas esses advérbios.

A formação do advérbio a partir do adjetivo pode ser considerada tanto em termos de motivação gramatical quanto em termos de motivação semântica. Do ponto de vista semântico, a formação do advérbio a partir do adjetivo corresponde ao aproveitamento do material de denotação de propriedades contido no adjetivo para a formação de um modificador de verbos. Do ponto de vista gramatical, podemos considerar na formação do advérbio a adaptação de uma palavra da classe dos adjetivos para uma situação em que a estrutura da língua exige a utilização de outra classe, o advérbio. Vejamos os exemplos:

(1) João se moveu, lento.
(2) João se moveu lentamente.

Em (1), temos um adjetivo; portanto, a propriedade de lentidão é atribuída ao sujeito, João. Em (2), a lentidão é atribuída ao processo de mover-se. Dado que a única mudança é o escopo da atribuição de propriedade, podemos dizer que *lentamente* se forma pela motivação gramatical de transformar um adjetivo em advérbio por razões de ordem sintática, pelo aproveitamento semântico do material contido no adjetivo.

PROBLEMAS DE ANÁLISE MORFOLÓGICA NA DERIVAÇÃO DE ADVÉRBIOS

De acordo com as gramáticas escolares, a formação de advérbios se efetua pela adição do sufixo -mente a adjetivos. Construções sufixais em -mente, entretanto, apresentam características problemáticas, de cunho fonológico, morfológico e sintático.

Do ponto de vista morfológico, formações em -mente são problemáticas por serem construídas a partir da forma feminina do adjetivo correspondente, o que vai contra a regra geral de que formas derivadas são construídas a partir do radical ou tema e não de formas já flexionadas.

Do ponto de vista fonológico há dois problemas. O primeiro é que nessas formações o acento da palavra base não se submete ao acento do sufixo -mente, como é de regra na sufixação em português. Vejam, por exemplo, a diferença de acentuação entre pessimamente, em que temos dois pontos de maior tonicidade, nas sílabas pes- e -men-, e pessimismo, em que o acento do sufixo prevalece, neutralizando a acentuação do adjetivo base.

O segundo é o fato de que as vogais médias abertas (é, ó), embora passando à posição pré-tônica em virtude do acréscimo de -mente, não passam a médias fechadas (e,o) como normalmente acontece em formas derivadas por sufixação. Vejam, por exemplo, certamente, brevemente, supostamente, (que mantêm a vogal média aberta) em oposição a certeza, brevidade e suposição (em que a vogal passa a média fechada).

A situação de -mente como sufixo traz problemas também do ponto de vista sintático em casos de coordenação, pois -mente ocorre apenas na última formação, como em cuidadosa, vagarosa e pertinazmente, o que mostra que -mente não tem a fixidez que em geral caracteriza os sufixos como formas presas.

Em suma, a situação flexionada da base, a pauta acentual e o vocalismo, e a relativa mobilidade de posição de -mente em relação à base da formação mostram que a análise de advérbios em -mente como derivações sufixais é problemática. O problema, no entanto, existe apenas do ponto de vista estrutural; do ponto de vista gráfico, a situação de -mente não apresenta dificuldades.

AS DIFERENTES FUNÇÕES DAS FORMAÇÕES EM -MENTE

Advérbios são definidos nas gramáticas como palavras que modificam o verbo, o adjetivo ou mesmo outro advérbio. Existem muitos problemas relativos à definição de advérbio como classe. Aqui, vamos nos restringir a observar que advérbios em -mente são modificadores não apenas do verbo mas também de enunciados. Vejamos os seguintes exemplos:

(3) a. João falou francamente.
     b. Francamente, nunca pensei que você fizesse isso.
     c. Ele chegou exatamente às cinco horas.
     d. Fonologicamente isso não faz sentido.
     e. Exatamente, foi isso que eu pensei.

Em a., francamente modifica o verbo; mas em b. francamente se refere à disposição de espírito do falante sobre o conteúdo de seu próprio enunciado. Em c., exatamente tem por escopo não o verbo, mas a expressão que marca o tempo; em d., fonologicamente situa o enunciado, definindo o setor de validade da afirmação que se segue; e em e., exatamente confirma um enunciado anterior.

O fato de advérbios poderem modificar também enunciados, além de verbos, embora não colocado explicitamente em definições tradicionais, não é necessariamente problemático ou estranho. Afinal, embora definidos fundamentalmente como modificadores de substantivos, os adjetivos também podem modificar frases ou enunciados, como vemos nos seguintes exemplos:

(4) a. Sonegar impostos é ilegal.
     b. Engraçado, eu não imaginava que fosse chover.
     c. Incrível, ele pensar que pode declarar guerra a todos os países.
     d. Exato, eu não tenho a mínima dúvida.

Em a., temos a situação usual de um adjetivo como predicativo de oração infinitiva; em b., engraçado indica a disposição do falante sobre o objeto do enunciado; em c., incrível também predica uma oração infinitiva, numa construção enfática; e em d. exato confirma um enunciado anterior.

Vemos, pois, que as funções exercidas por advérbios em -mente também podem ser verificadas em adjetivos. A situação, portanto, não é problemática do ponto de vista da formação e classe de palavras: as propriedades que já são de adjetivos se transferem aos advérbios. Observamos, naturalmente, que a classe dos advérbios ainda precisa ser estudada e descrita com mais detalhe até que possamos apresentar uma definição mais exata do advérbio como categoria lexical.

A FORMAÇÃO DE ADVÉRBIOS POR CONVERSÃO

Advérbios também podem ser formados a partir de adjetivos através de conversão, fenômeno que ocorre quando a mudança de classe de palavras é efetuada sem nenhum processo morfológico de derivação associado. O aspecto interessante nos casos de conversão adjetivo → advérbio é que os produtos do processo são utilizados sobretudo numa linguagem mais coloquial, em geral a língua falada. Seguem-se alguns exemplos:

(5) a. João está falando sério.
b. João falou grosso.
c. O menino cantou desafinado.
d. Dá para o carro passar, mas passa apertado.
e. O ladrão foi direto ao caixa.

Nesses exemplos, está clara ao mesmo tempo a forma adjetiva e o escopo da modificação incidindo no verbo. Dependendo do exemplo, no entanto, podemos ter uma forma alternativa em -mente. Por exemplo, em a. e e. a alternativa em -mente é óbvia. Nos outros casos, como em c. e d., ela é possível, mas não seria usada; só em b. a alternativa não é disponível.

Mais uma vez, nesses casos a diferença fundamental entre o adjetivo e o advérbio é o escopo: se atribuirmos a qualidade ao substantivo, teremos um adjetivo; se a atribuirmos ao verbo, teremos um advérbio. Poderíamos pensar, então, que se trata apenas de função e que, portanto, o adjetivo apresentaria, em certos casos, uma extensão de suas propriedades funcionais. Ou seja, do mesmo modo que temos conversão adjetivo → substantivo, além da derivação de substantivos a partir de adjetivos, também no presente caso teríamos a conversão adjetivo → advérbio, além da derivação de advérbios a partir de adjetivos.

É bom lembrar, no entanto, que uma classe é definida por um conjunto de critérios. Assim, adjetivos denotam propriedades em atribuição a substantivos que acompanham e com que concordam em gênero e número; e advérbios são palavras invariáveis que modificam o processo verbal. Ou seja, o advérbio difere do adjetivo em forma, posição e função. Vejamos se os casos acima se comportam do modo previsto pelas definições:

(6) a. O menino desafinado cantou.
b. As meninas cantaram desafinado.
c. As meninas cantaram desafinadas.
d. Desafinado, o menino cantou.

Na frase a. acima, desafinado só pode ser interpretado como adjetivo, na medida em que acompanha o substantivo; a interpretação como advérbio, ou seja, modificando o verbo, torna a frase agramatical. Em b., vemos que desafinado não concorda em gênero e número com meninas, mostrando, portanto, seu caráter adverbial; já em c., a concordância de desafinadas com meninas mostra que se trata do adjetivo; e em d. a posição de ocorrência de desafinado força a interpretação como adjetivo.

Na medida em que temos diferenças nos vários critérios, trata-se de um caso de conversão. Assim, além de advérbios em -mente, também podemos formar advérbios a partir de adjetivos em português por conversão. As possibilidades são limitadas, no entanto, a adjetivos cuja semântica seja compatível com a modificação verbal. As possibilidades são muitas, mas ainda não foram estudadas com detalhe todas as situações em que é possível (ou, ao contrário, impossível) a conversão.[1]

NOTAS

[1] Sobre a caracterização de advérbios, v. Ilari e outros (1990), Ilari (1993), Bomfim (1988). Sobre a formação de advérbios, v. Basilio (1998).

EXERCÍCIOS

1. Por que formamos advérbios? Ilustre a resposta com um exemplo.

2. Quais são os problemas de ordem fonológica na formação de advérbios em -mente?

3. Dê exemplos que evidenciem que -mente não é uma forma presa.

4. Advérbios são modificadores. Mostre o que o advérbio está modificando nas frases abaixo:
    a. João falou seriamente.
    b. Honestamente, eu não acho que isso seja certo.
    a. Ecologicamente, isso seria uma calamidade.

5. Dê exemplos em que adjetivos se reportam a orações e enunciados.

6. Quais exemplos você conhece de adjetivos usados como advérbios? Faça uma frase com cada um.

7. Verifique se os casos arrolados comportam ou não uma forma alternativa em -mente.

8. Mostre que a frase "João falou sério" pode ser interpretada de duas maneiras.

9. Analise as ocorrências abaixo como adjetivo ou advérbio e justifique a resposta:
    a. João escreve tudo torto.
    b. Maria escreve toda torta.
    c. João escreve torto.
    d. As meninas escrevem torto.
    e. Deus escreve certo por linhas tortas.

10. Mostre, através de exemplos, que *certo* pode ser usado como adjetivo ou advérbio.

SUFIXAÇÃO SEM MUDANÇA DE CLASSE

Apesar da crucial importância da mudança de classe na derivação, da qual nos ocupamos na maior parte deste livro, há também processos de formação de palavras que não estão ligados à mudança de classe. Dentre esses processos, no caso da sufixação os mais importantes são os que correspondem à expressão do grau e à formação de nomes de agentes denominais.

A EXPRESSÃO DO GRAU

Chamamos de gradação o processo de expressar na estrutura linguística o grau de intensidade de uma qualidade ou da dimensão de um objeto. O grau pode se manifestar sintática ou morfologicamente; aqui, trataremos apenas da expressão morfológica do grau.

Na Nomenclatura Gramatical Brasileira, o grau é considerado como flexão, sobretudo por influência da gramática clássica. De acordo com o critério clássico, o grau seria uma categoria gramatical, na medida em que expressaria um significado acidental. Entretanto, a maior parte dos gramáticos hoje em dia tende a considerar o grau como derivação, dado que a expressão do grau não se correlaciona a mecanismos gramaticais. Dentro dessa perspectiva, o grau se coloca no âmbito da formação de palavras.[1]

Na língua portuguesa, o grau morfológico é implícito, isto é, expressa-se um grau de dimensão ou intensidade a partir de uma medida considerada como padrão pela cultura. Por exemplo, em (1)

(1) João é inteligentíssimo.
(2) Era uma bonequinha mínima.

inteligentíssimo veicula alto grau de intensidade na propriedade de qualificação intelectual, a partir do que se considera a inteligência normal de indivíduos em nossa cultura. Do mesmo modo, em (2) o uso de bonequinha só faz sentido se se tratar de uma boneca muito menor do que o tamanho considerado normal.

A expressão do grau pode ter uma função expressiva ou denotativa. Não havendo mudança de classe, está também ausente qualquer motivação gramatical. Há no português três manifestações de grau, tradicionalmente denominadas diminutivo, aumentativo e superlativo.

AUMENTATIVO

Damos o nome de aumentativo à expressão de grau que se refere à dimensão maior do que o normal. O grau aumentativo é normalmente definido em termos de dimensão concreta avantajada. Entretanto, a noção é mais abrangente, estendendo-se também a outras dimensões, como a excelência e a intensidade. Encontramos sobretudo duas funções na formação do aumentativo: a função expressiva e a função denotativa.

Na função expressiva, formamos um aumentativo para expressar subjetiva ou retoricamente o impacto da dimensão, excelência ou intensidade de algo, como vemos:

> (3) a. João tem um cachorrão.
> b. João tem um cachorro grande.
> (4) a. João comprou um apartamentão.
> b. João comprou um apartamento grande.
> c. João comprou um apartamento muito bom.
> (5) a. João é valentão/gordão/bobão.
> b. João é bem valente/gordo/bobo.

Em (3)a., cachorrão expressa o impacto do tamanho do cachorro de João no falante; em (4)a., apartamentão também veicula uma impressão subjetiva, mas pode ser interpretado em termos ou de tamanho ou de qualidade. O aumentativo, embora mais diretamente ligado ao substantivo, também pode ser usado com adjetivos, caso em que o grau corresponde a uma medida de intensidade, como em (5)a. Nas frases b. e c., vemos alternativas mais neutras de expressão de dimensão ou intensidade.

Na função denotativa, formamos um aumentativo para designar um novo objeto, relacionado porém distinto do que é denotado pela base, e caracterizado como de grande dimensão, como vemos:

> (6) O varandão do meu apartamento fica muito a descoberto.
> (7) O novo calçadão foi feito de cimento.
> (8) Gosto mais de almofadões do que sofá ou poltrona.

Nos exemplos citados, varandão é um tipo de varanda, caracterizado, entre outras coisas, pelo tamanho grande ou espaçoso; calçadão é uma calçada larga, usada para lazer de pedestres; e almofadão é um tipo de almofada bem grande, cujo uso é diferente do da almofada de tamanho normal. Nesses casos, o aumentativo é uma das propriedades que caracterizam o referente do substantivo, de tal modo que em certos contextos podemos ter ambiguidade entre a função denotativa e a função expressiva:

> (9) a. A casa da minha avó tinha um varandão imenso.
> b. Estou procurando um apartamento de três quartos com varandão.

Em (9)a., varandão pode ter função expressiva em relação ao tamanho grande de uma determinada varanda, ou designar um tipo específico de varanda grande; em b., trata-se apenas de um tipo específico de varanda grande em edifícios.

Observe-se que, apesar da ambiguidade, existe uma característica morfológica separando os dois casos, a saber: o aumentativo denotativo é feito pelo sufixo -ão e é masculino e invariável. Já o aumentativo expressivo apresenta duas possibilidades no caso de palavras do gênero feminino: manter o gênero feminino, formando o aumentativo com a forma feminina -ona; ou usar -ão, caso em que a forma no aumentativo passa a ter gênero masculino. Nos exemplos de (9), em a. podemos substituir varandão imenso por varandona imensa, o que não é possível em b.

Exemplos mais antigos de função denotativa do aumentativo são: caixão, portão, calção, facão, garrafão etc.

PRINCIPAIS PROCESSOS DE FORMAÇÃO

O aumentativo é formado sobretudo pelo acréscimo do sufixo -ão, mas o sufixo -aço também é utilizado, sobretudo para expressar excelência:

> (10) João fez um golaço.

O aumentativo pode ser também formado por prefixação; os prefixos mais usados são macro-, mega-, e super-:

> (11) macroestrutura, macroeconomia, macrotexto.
> (12) megainvestidor, megaespeculador, megacorrupção.
> (13) supermercado, supermãe, supercomputador.

Como vemos em (11) a (13), também nos aumentativos por prefixação a função pode ser denotativa ou expressiva. Por exemplo, os casos de (11) são denotativos, os de (12) são expressivos. Em (13), temos exemplos de ambas as funções.

O DIMINUTIVO E SEUS VALORES

Damos o nome de diminutivo ao grau que representa a dimensão menor do que o normal. O grau diminutivo é em geral definido em termos de diminuição concreta de tamanho, mas também apresenta abrangência maior, indicando diminuição avaliativa, ou depreciação, como vemos:

> (14) Eram duas caixas, com vinte ovinhos de chocolate cada.
> (15) Mas era um chocolatinho bem ralo.

Em (14), prevalecem o tamanho pequeno e apreciação positiva; em (15), o tom depreciativo é evidente.

Também o diminutivo pode ter função expressiva ou denotativa. No caso da função denotativa, temos um referente denotado como caracteristicamente pequeno. Na função expressiva, o diminutivo é usado como marcador de afetividade ou depreciação. Alguns exemplos das duas funções são:

> (16) a. cafezinho, tesourinha, salgadinho, medalhinha, empadinha, santinho, banquinho, colherinha.
> b. livrinho, pedacinho, escadinha, vidrinho, moedinha.

Em (16)a., cafezinho se refere a uma medida pequena de café, servido em xícara pequena; tesourinha denota um tipo específico de tesoura pequena e fina, normalmente utilizada para cortar unhas; salgadinho denota um tipo específico de produto culinário salgado, de tamanho pequeno, servido em festas; e assim por diante. Em (16)b., a pequena dimensão do referente é acompanhada por graus variados de expressividade.

O diminutivo também apresenta outras funções, de caráter discursivo. Por um lado, a forma diminutiva é utilizada como um elemento de atenuação, como vemos:

> (17) Preciso da sua atenção. Pode me dar um momentinho só?
> (18) Olha, estou pensando em te fazer uma visitinha.
> (19) Não repara, é só uma lembrancinha.
> (20) Será que você pode me dar uma mãozinha aqui?
> (21) Espera um minutinho que eu já vou.

Em todos os exemplos, o diminutivo é usado para atenuar o que está sendo pedido ou oferecido.

Por outro lado, o diminutivo pode ser usado para expressar afetividade do falante sobre o objeto referido, como ilustramos:

(22) Quem sabe, a gente pegava um cineminha mais tarde...
(23) Cadê minha cervejinha?
(24) Eu fiz um franguinho especial para você.

Em (22) a (24), o diminutivo reflete a afetividade do falante em relação ao objeto referido. Mas a afetividade do falante pode estar dirigida ao interlocutor, caso em que a utilização do diminutivo pode marcar o discurso inteiro como discurso afetivo. Os casos mais comuns são a fala com crianças e o discurso amoroso.

(25) Filhinho, toma a sopinha, bebe a aguinha, deixa eu limpar a boquinha...
(26) Benzinho...

PRINCIPAIS PROCESSOS DE FORMAÇÃO

O principal elemento formador de diminutivo é o sufixo -inho. Outros elementos formadores citados em gramáticas existem em formas feitas mas raramente são usados em novas formações. O sufixo -inho, entretanto, alterna com -zinho, utilizado quando a forma base termina em consoante, ditongo ou vogal acentuada, como em (27)

(27) paizinho, mãezinha, florzinha, lençolzinho, tatuzinho.

A situação entre -inho e -zinho é de certo interesse do ponto de vista morfológico. Por um lado, -inho e -zinho parecem ser complementares, já que -zinho é utilizado em ambientes fonológicos em que -inho não é usado. Entretanto, não se trata de uma restrição absoluta. No caso da ditongação, há pelo menos variações regionais, como em painho e mãinha; algumas formações terminadas em [r] também ocorrem com -inho, como colherinha e florinha; e formações em -zinho podem frequentemente alternar com formações em -inho, como em brinquedinho/brinquedozinho, Glorinha/gloriazinha, Liginha/Ligiazinha etc.

ASPECTOS MORFOLÓGICOS

Os sufixos -inho e -zinho também diferem pelo fato de que, enquanto -inho se integra totalmente à fonologia do elemento base, como qualquer outro sufixo, -zinho apresenta peculiaridades semelhantes às que vimos na formação de advérbios em -mente. Em especial, a adição de -zinho mantém a linha geral da acentuação tônica da palavra base, como vemos:

(28) pálida – palidazinha; pá – pazinha; tatu – tatuzinho; túnel – tunelzinho.

Mas a característica mais desconcertante das formações em -zinho é o fato de que a adição de -zinho não impede a flexão de gênero e número na palavra base.

Sabemos que o diminutivo se adiciona ao substantivo básico; se este for flexionável, essa flexão se transfere ao sufixo -inho, como vemos a seguir:

(29) a. filho/a → filhinho/a
b. filhos/as → filhinhos/as

Entretanto, no caso da adição de -zinho, a flexão é feita não apenas no sufixo, mas também na base, tanto em gênero quanto em número, como vemos abaixo:

(30) a. indiozinho/indiazinha
b. balãozinho/balõezinhos

Temos, portanto, na formação dos diminutivos, dois elementos formadores, -inho e -zinho, cuja ocorrência é parcialmente complementar, mas cujo estatuto morfológico é radicalmente diferente.

PREFIXOS DIMINUTIVOS

Assim como o aumentativo, o diminutivo também pode ser formado por prefixação. Os prefixos mais usados para a expressão do diminutivo são mini- e micro-, ambos com valor denotativo. Alguns exemplos:

(31) minissaia, miniblusa, minissimpósio, minirreunião, miniloja.
(32) microempresa, microanálise, microcomputador, microcápsula.

SUPERLATIVO

O superlativo absoluto denota o grau elevado de uma qualidade expressa normalmente pelo adjetivo. A denotação neutra é via de regra indicada através do superlativo analítico; o superlativo sintético ou morfológico é fundamentalmente expressivo. Os exemplos seguintes contrastam as possibilidades:

(33) a. João é inteligente.
b. João é muito inteligente
c. João é inteligentíssimo.
(34) a. Maria é pobre.
b. Maria é muito pobre
c. Maria é paupérrima.

O grau elevado da qualidade expressa pelo adjetivo também pode ser veiculado por prefixos como super-, ultra- e hiper-, como nos exemplos:

(35) a. João é ultrainteligente e hiperestudioso.
b. Maria é supercompetente e hiperesforçada.

O superlativo, sendo o caso por excelência do exagero e da hipérbole, tem quase exclusivamente função expressiva. Entretanto, casos esporádicos de função denotativa podem ocorrer, como em hipercorreção e hipermercado.

NOMES DE AGENTE DENOMINAIS

Nomes de agente, como vimos anteriormente, são substantivos que representam seres caracterizados por uma atividade ou ação que exercem. Quando derivados de verbo, a ação ou atividade é expressa no radical verbal, como em coordenador, por exemplo. Mas nomes de agente também podem ser derivados de substantivos, caso em que a atividade ou ação que os caracteriza é definida por seu objeto, expresso pela base substantiva. Assim, por exemplo, sapateiro é um indivíduo caracterizado por sua atividade em relação a sapatos, linguista é caracterizado por seu objeto de estudo, a língua, bancário é caracterizado por sua atividade relativa a bancos, e assim por diante.

Na formação desses nomes de agente, portanto, não há mudança de classe: temos um substantivo como base da formação e um substantivo como produto da formação. O processo tem função fundamentalmente semântica: formamos nomes de agentes denominais para aproveitar a semântica dos substantivos na denominação de seres a partir de suas atividades ou ações.

É importante observar, no entanto, que algumas características gramaticais podem mudar nesses processos, em virtude da mudança de categoria semântica. Assim, o contingente mais significativo da formação de nomes de agentes denominais corresponde a substantivos que denotam seres humanos. Nesses, temos uma oposição sistemática de gênero, que se manifesta como flexão, no caso de formações em -ário e -eiro, e apenas como acionamento de gênero em concordância com o sexo do referente, no caso de formações em -ista, que se enquadram no caso de "comuns de dois".[3]

Os principais processos de formação de nomes de agente a partir de substantivos correspondem à adição dos sufixos -ista e -eiro.

FORMAÇÕES EM -ISTA

Vejamos inicialmente as formações em -ista. Temos basicamente três tipos dessas formações, ilustrados abaixo:

(36) a. conto – contista; flauta – flautista; surfe – surfista.
b. língua – linguista; ornitologia – ornitologista.
c. PT – petista; Marx – marxista; estrutural – estruturalista; continuar – continuista; evolução – evolucionista.

Em a., as formações X-ista correspondem a agentes plenos, caracterizados pela base: contista é quem faz contos, flautista é aquele que toca flauta etc. Em b., as formações apresentam agentividade indireta; a base designa entidades passíveis de estudo ou especialização, e formações em -ista designam indivíduos como especialistas. Já em c. a agentividade é abstrata e mental, especificada apenas em termos da atitude mental de adesão. Nesse tipo de formação, a construção em -ista designa um ser caracterizado por sua adesão ao conceito denotado ou sugerido pela base, que pode ser tanto a sigla de um partido como um nome próprio, um substantivo abstrato etc., representando um dado conceito ou posição teórica, ideológica, religiosa etc., como objeto de adesão mental.[4]

FORMAÇÕES EM -EIRO

O outro processo relevante na formação de nomes de agentes denominais é o das formações em -eiro, exemplificadas abaixo:

(37) a. cesteiro, livreiro, sapateiro, pedreiro, peixeiro, garrafeiro, jornaleiro.
b. roqueiro, motoqueiro, metaleiro, funqueiro.

Todos os dados em (37) denotam indivíduos pelo objeto caracterizador de sua atividade típica. Os exemplos em a. são mais tradicionais e fazem parte da nomenclatura das profissões. Os de b. são mais recentes, da língua coloquial, e não necessariamente profissionais.

Além das formações exemplificadas, temos dois casos mais interessantes de formações em -eiro: os "agentes" vegetais e os "instrumentais" locativos. No primeiro caso, incluem-se plantas, sobretudo árvores, denominadas a partir do seu produto (fruta, flor etc.), como vemos:

> (38) bananeira, pereira, cajueiro, abacateiro, roseira, mangueira, amendoeira, laranjeira, limoeiro.

Em (38) podemos observar que o gênero do nome do vegetal via de regra depende do gênero do nome de seu produto, que serve de base. Há exceções, porém, como no caso de figueira.

O segundo caso corresponde a objetos nomeados por sua função de conter ou guardar o produto designado pelo substantivo, conforme ilustrado:

> (39) açucareiro, camiseiro, papeleira, sapateira, compoteira, saladeira, paliteiro.

Em (39) podemos verificar que o gênero, embora invariável, não é previsível no caso dos instrumentais locativos. Podemos encontrar formações no masculino com base masculina (açucareiro) ou feminina (camiseiro); e formações no feminino com base feminina (saladeira) e masculina (sapateira).

OUTRAS FORMAÇÕES

As formações que acabamos de ver estão longe de esgotar as possibilidades; são, apenas, as de maior relevância e generalidade como processos morfológicos. Outros processos menores, embora ainda de teor significativo, são:

> a. designadores de atos por seu instrumento: facada, dentada, machadada, punhalada, facada, cadeirada, patada, garfada, enxadada, martelada;
> b. designadores de produtos por seu ingrediente caracterizador: feijoada, limonada, camaroada, sirizada, bacalhoada;

c. formadores de locativos de produção ou comércio: sapataria, marmoraria, livraria, padaria, tabacaria, sorveteria, bilheteria, peixaria, carpintaria, marcenaria;[5]

d. designadores de áreas extensas: areal, lamaçal, lodaçal, laranjal, bananal, roseiral, palmital, cipoal, jaboticabal;

e. pejorativos qualificadores de eventos por agente: cariocada, baianada, paulistada; malandragem, gatunagem, pivetagem.

Conforme podemos observar em todos esses casos, e mesmo no dos agentes denominais, temos uma estrutura geral que prevalece: o afixo denota algo geral (ser, local etc.) e o radical do substantivo fornece a especificidade. Essas formações apresentam, portanto, função primariamente denotativa, embora a função expressiva seja de relevância no caso e., que envolve pejorativos.[6]

NOTAS

[1] Sobre a conceituação clássica de categoria gramatical, v. Lyons (1968). Sobre a natureza não flexional do grau em português, v. Câmara Jr (1970).

[2] Observe-se, no entanto, que a ditongação se desfaz.

[3] Substantivos denominais podem também denotar objetos por suas funções, caso em que o gênero é fixo.

[4] Em alguns casos, essas formações se baseiam em conceitos expressos por bases adjetivas ou verbais, envolvendo, portanto, mudança de classe. Isso ocorre porque, nestas formações, o relevante é o conceito, não importando a classe da base.

[5] Esses locativos são frequentemente relacionados a um nome de agente X-eiro.

[6] Para diferentes análises e descrições de processos de formação sem mudança de classe, v., dentre outros, Rosa (1983), Sandmann (1989), Rio-Torto (1998), Villalva (2000), Loures (2000), Ezarani (1989), Miranda (1980), Gonçalves (1999), Basilio (1995, 1987).

EXERCÍCIOS

1. Por que a maioria dos gramáticos hoje em dia considera o grau morfológico como derivação?

2. O que é "grau implícito"? Exemplifique.

3. Até que ponto podemos usar o aumentativo morfológico para referência à dimensão? Explique e exemplifique.

4. Dê um exemplo de aumentativo com função denotativa e um com função expressiva.

5. Mostre que a frase abaixo pode ter duas interpretações: Era um piscinão imenso.

6. Existe alguma diferença sincrônica entre os sufixos -ão e -aço? Exemplifique.

7. Dê exemplos de diminutivo (a) de dimensão; (b) afetivo; (c) depreciativo e (d) de atenuação.

8. Identifique o valor do diminutivo nos exemplos:
   a. Era só um vestidinho simples.
   b. Espera só um instantinho.
   c. Onde estão os pratinhos de sobremesa?
   d. O quarto tem um varandinha.

9. Quais são as principais diferenças morfológicas entre os sufixos -inho e -zinho?

10. Mostre, pelo contraste entre frases, que o superlativo sintético é fundamentalmente expressivo.

11. Explique, utilizando exemplos, a diferença entre nomes de agentes denominais e deverbais.

12. Faça uma lista de no mínimo 10 formações em -eiro e dê sua classificação.

13. Qual a principal motivação para formações em:
    -eiro- -aria- -al?

14. Classifique as formas abaixo, de acordo com os dados em (20):
    pianista – getulista – trabalhista – dentista – artista – darwinista – budista – gerativista.

15. Até que ponto o gênero das formações em -eiro é previsível? Defina as possibilidades.

ADJETIVO OU SUBSTANTIVO?

As gramáticas escolares definem o substantivo e o adjetivo como duas classes de palavras distintas. Apesar dessa distinção, entretanto, muitas vezes há dúvida na análise de casos específicos. Isso acontece porque, em parte, o critério predominante de definição nas gramáticas – semântico para o substantivo e sintático para o adjetivo – não é o mesmo para as duas classes. Além disso, há mecanismos de mútua conversão entre as duas classes, assim como a possibilidade de extensão de propriedades de uma classe para outra. Vamos estudar de perto essa situação nas próximas seções.

CONVERSÃO E DERIVAÇÃO IMPRÓPRIA

Vimos, no oitavo capítulo, que a mudança de classe de palavras pode estar associada a um processo não de derivação mas de conversão, o que ocorre quando uma palavra de uma dada classe passa a ter também as propriedades de uma outra classe, mas sem uma marca morfológica correspondente. Alguns gramáticos dão a esse caso o nome de derivação imprópria. O nome é adequado, pois não se trata, propriamente, de uma derivação; a rigor, a conversão é o resultado de uma expansão de propriedades de uma palavra, a qual passa a ser usada em situações próprias de outra classe.

ADJETIVO E SUBSTANTIVO: AS DIFICULDADES DE CLASSIFICAÇÃO

Quando há conversão plena, ou seja, quando a palavra de uma classe apresenta também todas as propriedades de outra classe, temos duas palavras distintas, uma em cada classe. É o que acontece com doce, que apresenta tanto as propriedades de adjetivo quanto as de substantivo. Temos então $doce_1$, o adjetivo, e $doce_2$, o substantivo.

$Doce_1$, o adjetivo, denota a propriedade de ter sabor como o de açúcar, a qual pode ser atribuída a diferentes objetos: bala, suco, fruta, sorvete etc. Sendo adjetivo, $doce_1$ apresenta grau comparativo, pode ser intensificado, funciona como predicativo do sujeito e do objeto e como adjunto adnominal, conforme ilustrado em (1):

80 Formação e classes de palavras

> (1) a. A banana é mais doce que o abacate.
> b. Este bolo está muito doce.
> c. Estou achando essa sopa meio doce.
> d. Mingau doce é enjoativo.

Já o substantivo doce$_2$ designa um produto culinário que tem a propriedade denotada pelo adjetivo. Sendo substantivo, doce$_2$ ocorre precedido de artigo, possessivo etc, pode ser qualificado por adjetivos e ocupa o núcleo do sujeito e complementos, como vemos em (2)

> (2) a. Este doce está uma delícia!
> b. Gosto mais de doce em pasta do que de bolo.
> c. Minha cozinheira faz doces maravilhosos.

A necessidade de distinção entre as duas palavras fica evidente em exemplos como os de (3),

> (3) a. Este doce está doce demais.
> b.*Este muito doce está delicioso.
> c.*Eu adoro doce demais de leite.
> d.*João detesta mais doce de banana.

em que constatamos que o substantivo doce$_2$ pode ser predicado pelo adjetivo doce$_1$ intensificado por demais, como em a.; mas o substantivo não pode ser intensificado, como vemos em b. e c.; também não tem comparativo, como vemos em d. Os dados de (3) mostram, portanto, que não se trata de uma palavra que funciona ora de um modo, ora de outro. Ao contrário, se quisermos descrever as possibilidades (e impossibilidades) de ocorrência, temos que estabelecer duas palavras distintas.

Certamente doce$_2$, o substantivo, tem uma relação semântica com doce$_1$, na medida em que designa produtos culinários qualificáveis por doce$_1$, ou seja, com gosto de açúcar. Mas essa relação semântica não é absoluta, pois nem todo comestível, e nem mesmo todo produto culinário predicável pelo adjetivo doce$_1$ pode ser designado pelo substantivo doce$_2$. Por exemplo, pudins e compotas são doces, mas biscoitos doces são biscoitos, e não doces. Assim, o adjetivo denota uma propriedade a ser atribuída, enquanto o substantivo denota um produto específico que tem caracteristicamente essa propriedade.

Existem muitas outras palavras que apresentam, por conversão, um substantivo correlato, de significado relacionado mas não idêntico, e propriedades gramaticais diferentes. Alguns exemplos são: velho, jovem, careca, salgado, santo, doente, cego etc. Mas não devemos pensar, por causa desses exemplos, que qualquer adjetivo pode ter um substantivo como contraparte ou vice-versa; na verdade, isso não ocorre.

Ao contrário, são relativamente poucos – cerca de 20% – os adjetivos aos quais corresponde uma outra forma idêntica com significado e função plena de substantivo. O caso mais geral, portanto, é o do adjetivo que não tem um substantivo correspondente, ou seja, que não pode ser usado indiferentemente como adjetivo ou substantivo.

Vejamos, por exemplo, a diferença entre velho, que tem uma contraparte de substantivo, e tranquilo, que é o caso mais comum. As diferentes possibilidades de ocorrência de velho e tranquilo como adjetivos estão ilustradas em (4) e (5)

(4) a. Acho esse livro muito velho.
b. João é muito mais velho do que eu.
c. João não é tão velho assim.
d. Não gosto de casa velha.
e. João não é velho, é maduro.

(5) a. Acho essa rua muito tranquila.
b. João é muito mais tranquilo do que eu.
c. João não é tão tranquilo assim.
d. Não gosto de bar tranquilo.
e. João não é tranquilo, é controlado.

Ou seja, como adjetivos, velho e tranquilo têm praticamente as mesmas possibilidades de emprego. Mas velho apresenta um substantivo correspondente, $velho_2$, como vemos em (6),

(6) a. O velho atravessou a rua.
b. Eu vi dois velhos conversando na calçada.
c. Era uma vez um velho que plantou uma árvore no jardim.
d. Esse velho tem mais fôlego do que eu.
e. Preciso de um velho simpático para fazer um comercial.

mas isso não acontece com tranquilo, como podemos constatar em (7)

(7) a. *O tranquilo atravessou a rua.
b. * Eu vi dois tranquilos conversando na calçada.
c. * Era uma vez um tranquilo que plantou uma árvore no jardim.
d.* Esse tranquilo tem mais calma do que eu.
e. * Preciso de um tranquilo simpático para fazer um comercial.

Ou seja, enquanto velho$_1$ corresponde ao substantivo velho$_2$, tendo, portanto, as demais propriedades que caracterizam o significado, funções e posições de ocorrência do substantivo, tranquilo é exclusivamente adjetivo, não podendo ocorrer em contextos típicos de substantivo.

A grande maioria de adjetivos se comporta como tranquilo. Alguns outros exemplos: bonito, satisfeito, sadio, peludo, diferente, florestal, histórico, lavável, emocionante etc.

NOMES PÁTRIOS E NOMES DE CORES

Há, entretanto, toda uma classe de adjetivos que apresentam sistematicamente contrapartes substantivas. São os nomes pátrios e os nomes de cores.

Os nomes pátrios, como adjetivos, atribuem uma caracterização de proveniência ou origem aos substantivos com que se combinam; usados isoladamente, denotam seres humanos por sua origem, como vemos:

> (8) a. Os vinhos brasileiros estão melhorando.
> b. Os marinheiros brasileiros se emocionam facilmente.
> c. Os brasileiros gostam de feijoada.

Em a., brasileiros é um adjetivo que caracteriza vinhos por sua proveniência; em b., brasileiros caracteriza marinheiros também por proveniência. Em c., brasileiros é um substantivo utilizado no plural para denotar qualquer pessoa nascida no Brasil.

Vimos, no capítulo 7, que a caracterização por proveniência é parte das possibilidades de formação de adjetivos plenos; assim, adjetivos pátrios podem ser usados nos vários contextos de utilização de adjetivos. Mas adjetivos pátrios apresentam sistematicamente uma contraparte substantiva, como podemos ver:

> (9) a. O brasileiro atravessou a rua.
> b. Vi dois brasileiros conversando no bar.
> c. Era uma vez um brasileiro que resolveu sair do país.
> d. Esse brasileiro tem mais saudade do Brasil do que eu.
> e. Preciso de um brasileiro bem animado para fazer um comercial.

Os nomes de cores são um pouco diferentes. Como adjetivos, atribuem cores específicas aos referentes dos substantivos que acompanham. Quando usados isoladamente, denotam a cor em si e apresentam propriedades plenas de substantivos. A dupla possibilidade, de certa maneira, se relaciona à própria situação semântica da cor, que é, em si, abstrata: as cores existem nas coisas. Ou seja, a situação que vemos nos nomes de cores é análoga à que vemos entre adjetivos e suas formas nominalizadas: dizemos que algo é belo, mas podemos, pela nominalização, falar da beleza em si. Da mesma maneira, dizemos que algo é vermelho; e também podemos falar do vermelho em si.

Como os substantivos referentes a cor apresentam uma semântica particular, os contextos de substantivos devem ser modificados para adequação semântica, como em (10):

> (10) a. O vermelho atravessou a linha e fez um borrão.
> b. Vi dois vermelhos contrastando no canto esquerdo do quadro.
> c. Havia um vermelho que só o Volpi conseguia fazer.
> d. Este vermelho tem mais pigmento que qualquer outro.
> e. Preciso de um vermelho bem vibrante para colocar na capa.

Uma outra diferença entre nomes pátrios e nomes de cores está no gênero. Como adjetivos, tanto nomes pátrios como nomes de cores concordam em gênero e número com os substantivos que acompanham:

> (11) a. vinho brasileiro/cachaça brasileira; filho(a)(s) brasileiro(a)(s)
> b. tecido(s) amarelo(s)/ folha(s) amarela(s)

Os nomes pátrios mantêm a variação de gênero como substantivos, apenas baseando a concordância diretamente no sexo do referente:

> (12) Durante minha viagem, estive com um brasileiro e duas brasileiras.

Mas os nomes de cores têm gênero único, sempre masculino: branco, preto, amarelo, vermelho, azul, cinzento.

Os três critérios de classificação e sua relação com a flutuação substantivo/adjetivo.

Como vimos no terceiro capítulo, são pelo menos três os critérios de definição de classes de palavras e, portanto, não podemos caracterizar uma dada palavra como substantivo ou como adjetivo exclusivamente por um critério. Assim, para caracterizar uma palavra como substantivo não basta observar que ela ocorre em contextos normalmente ocupados por substantivos; é preciso que a palavra ocorra nesses contextos mantendo seu valor de substantivo, isto é, sua função de denotação de seres ou entidades e sua característica morfossintática de determinar mecanismos de concordância.

Por exemplo, é comum encontrarmos em manuais de gramática a afirmação de que a palavra que pode vir precedida de artigo é um substantivo. Embora afirmações como essa possam servir como indícios de probabilidade, a classificação de ocorrências a partir de critérios isolados arrisca-se a resultados inadequados. Vejam os exemplos:

> (13) a. O desgraçado do professor me reprovou.
> b. A infeliz da menina ficou apavorada.

Nas frases de (13) temos uma forma adjetiva precedida de artigo. Essas ocorrências, no entanto, não devem ser consideradas como substantivos. Isso não seria acertado, na medida em que "desgraçado" e "infeliz", apesar de precedidos pelo artigo definido, por força da retórica da expressão O/A (Adj) do(a) (Subst) continuam qualificando professor e menina.

Observem que, embora menos usual, a construção em (14) é equivalente:

> (14) a. O professor, desgraçado, me reprovou.
> b. A menina, infeliz, ficou apavorada.
> c. O desgraçado professor me reprovou.
> d. A infeliz menina ficou apavorada.

Temos, pois, um mecanismo enfático no modo de expressar o adjetivo, o qual não o transforma em substantivo. Prova disso é o fato de que essas palavras, na mesma posição, continuam concordando em gênero e número com o substantivo que ocorre posteriormente, conforme ilustramos em (15)

> (15) a. O desgraçado do professor/porteiro/aluno; a desgraçada da faxineira/professora/vizinha; os desgraçados dos vizinhos/condôminos/cobradores
> b. a infeliz da menina/vítima/criança; o infeliz do menino/acidentado/mendigo; os infelizes dos professores/funcionários/aposentados

Adicionalmente, os adjetivos, que continuam a qualificar um substantivo, não apresentam função de denotação de seres.[1]

ADJETIVOS SUBSTANTIVADOS

Mas há também casos em que adjetivos parecem ser usados como substantivos, no sentido de que parecem denotar seres e acionar mecanismos de concordância, embora não possam ser considerados como substantivos plenos como os que vimos anteriormente (velho, cego, brasileiro etc.). Trata-se de exemplos como os abaixo, que ocorrem em contextos genéricos:

(16) a. Bem-aventurados os mansos, porque eles herdarão a Terra.
b. Consolai os aflitos.

Nesses exemplos, em vez de qualificar um substantivo, o adjetivo funciona gramaticalmente como um substantivo cujo significado parte do significado do adjetivo. Por exemplo, em a., mansos, plural do adjetivo manso, denota todos os seres que tenham a propriedade de mansidão. Do mesmo modo, aflitos em b. denota todos os seres que possam ser qualificados como aflitos. Consideramos essas ocorrências como adjetivos substantivados porque são adjetivos que ocorrem em função de substantivo (isto é, em função denotativa), apesar de não perderem sua função de adjetivo (isto é, denotam através da atribuição de uma propriedade); e adquirem algumas propriedades de substantivos, embora não todas.

Existem algumas características típicas dessas construções. Por exemplo, os adjetivos substantivados são via de regra utilizados no plural, como podemos constatar em (16). Mas o mais importante na construção não é o uso do plural, e sim o fato de não haver distinção semântica entre singular e plural, como verificamos em (17):

(17) a. Bem-aventurado o manso, porque ele herdará a Terra.
b. Consolai o aflito.

Como vemos em (16) e (17), não faz diferença o uso no singular ou no plural, exatamente por se tratar de contextos genéricos; ou a referência é feita a todos os seres (plural) qualificados através do significado do adjetivo, ou é feita ao ser como espécie, também qualificado através do significado do adjetivo. Ainda por causa do caráter genérico do contexto, não há espaço para a flexão de gênero, como podemos verificar em (18):

(18) a. ?! Bem-aventurada a mansa...
b. ?! Consolai as aflitas

Como a especificação de gênero não combina com o caráter genérico desse tipo de construção, a interpretação da forma flexionada ou é tomada de modo preconceituoso, com mudança do significado do adjetivo, ou entendida como adjetivação de uma forma subentendida.

Uma outra característica de adjetivo que essas formas perdem é a possibilidade de ocorrência em grau comparativo ou superlativo:

> (19) a. ?! Bem-aventurado o mais manso, porque ele herdará a Terra.
> b. ?! Consolai o aflitíssimo.

Em suma, nessas formações temos adjetivos que são usados em função de substantivo, mas não chegam a ter as propriedades plenas do substantivo, na medida em que passam a denotar seres (função de substantivo) a partir de sua qualificação (função de adjetivo); ocupam posição de núcleo de sujeito e complementos e determinam a flexão de número no verbo (propriedades de substantivo), mas só podem ocorrer nesses contextos genéricos e não nos demais contextos próprios de substantivos. Daí a denominação de adjetivos substantivados.

A rigor, virtualmente qualquer adjetivo que qualifique seres humanos pode ser substantivado em contextos genéricos. Temos então uma situação bem distinta da situação da conversão plena. Enquanto na conversão plena adjetivos apresentam um substantivo correlato, embora seja pequeno o número desses adjetivos, no caso dos adjetivos substantivados virtualmente qualquer adjetivo com a semântica apropriada pode ocorrer nos contextos previstos, mas as propriedades de substantivo são limitadas.

SUBSTANTIVOS COM FUNÇÃO ADJETIVA

Veremos a seguir que há situações em que substantivos qualificam, caracterizam ou especificam substantivos. Os casos mais claros de substantivos que atribuem propriedades a substantivos são os que envolvem o uso adjetivo de nomes de agente.

NOMES DE AGENTE

Chamamos de nomes de agente substantivos que denotam um ser caracterizando-o pelo exercício ou prática de uma ação ou atividade. Um dos melhores exemplos de nomes de agente em português são as formações em -dor, que estudamos no sexto capítulo.

Um número considerável de nomes de agente em -dor em português pode também funcionar como adjetivo. Nesse caso, a formação em -dor atribui agentividade ao substantivo a que se refere no enunciado. Por exemplo, organizador é um nome de agente, designando alguém a partir do ato de organizar. Já em comissão organizadora o termo organizadora atribui agentividade ao termo comissão. Temos, portanto, mais um caso limítrofe substantivo/adjetivo, em que o substantivo X-dor é usado como adjetivo.

Um outro caso é o dos nomes de agente em -ista que correspondem a adesão ou atitude mental. Nesse caso, a formação X-ista em si designa um ser caracterizado por sua adesão a X; em função adjetiva, a formação X-ista caracteriza alguém ou algo mencionado no enunciado. Por exemplo, evolucionista denota pessoas adeptas do evolucionismo; em tese evolucionista o segundo termo caracteriza o primeiro por sua adesão ao evolucionismo.

Também os nomes de agente ou instrumentais em -nte podem funcionar como adjetivos. Como sempre, a formação em -nte, usada isoladamente, refere-se ou a um agente ou a um instrumental caracterizado pelo significado do verbo, como em litigante ou fortificante. Acompanhando o substantivo, a formação em -nte o caracteriza como agente ou instrumental, como em parte litigante ou xarope fortificante.

Entretanto, essas formações que ocorrem em posição e função de adjetivo não apresentam o quadro típico de características de adjetivos. Por exemplo, não podem ser intensificados (*firma muito administradora, *comissão organizadoríssima); não apresentam nominalização correspondente (*julgadoridade, *fortificância); não podem funcionar como predicativo do objeto (*eu acho essa firma administradora, *acho o trabalho evolucionista), e assim por diante. Do ponto de vista morfológico, no entanto, o nome de agente em função adjetiva se comporta como qualquer adjetivo no sentido de concordar em gênero e número com o substantivo a que se refere (os examinadores/a banca examinadora).

Em suma, nomes de agente podem funcionar como adjetivos, caso em que atribuem agentividade ao substantivo a que se referem e com ele concordam em gênero e número. Mas não se trata de conversão plena, há apenas alargamento das possibilidades de utilização do nome de agente.

Os nomes de agente apresentam em comum a característica de serem designadores que também podem ser encarados como atribuidores de propriedades. São, portanto, casos predeterminados em relação à possibilidade de uso adjetivo de um substantivo.[2]

CASOS TÍPICOS E CASOS MARGINAIS

Um tipo de dificuldade que frequentemente observamos nas classes de palavras é que, ainda que nossas classificações possam funcionar relativamente bem para os casos mais gerais, sempre há casos fronteiriços, para os quais as classificações não funcionam de modo plenamente adequado. A noção de "classe" corresponde a um conjunto determinado por certas propriedades; como vimos no capítulo 3, no caso das classes de palavras é necessário definir cada classe a partir de um conjunto de propriedades morfológicas, sintáticas e semânticas.

Isso, entretanto, não basta, porque vamos encontrar situações em que certos critérios nos levam a considerar palavras como substantivos, enquanto outros critérios nos levariam a analisá-las como adjetivos. Uma dessas situações já apareceu na seção anterior, em que os adjetivos que consideramos substantivados, mas não substantivos, perdem algumas propriedades de adjetivo – mas conservam outras; e funcionam com algumas propriedades de substantivos – mas não todas; e, sobretudo, não em todos os contextos, apenas nos contextos genéricos. Situações como essa são encontradas com bastante frequência, não apenas entre substantivos e adjetivos mas também entre adjetivos e advérbios; e até entre verbos e adjetivos. Assim, poderíamos evitar muitos problemas se considerássemos as classes de palavras não como compartimentos rígidos e fechados mas como conjuntos de palavras determinados por uma conjunção de critérios, em que a concordância dos critérios predeterminados define os casos típicos ou mais gerais e comuns, enquanto a diferença ou alteração em um ou outro critério define casos mais marginais.

Assim, o caso típico do adjetivo é o da palavra que qualifica um ser representado por um substantivo; concorda em gênero e número com esse substantivo; ocorre como adjunto adnominal ou predicativo do sujeito e do objeto; pode ser intensificado por advérbios e comporta grau comparativo e superlativo. Já a situação do adjetivo substantivado é mais marginal: o adjetivo substantivado denota seres pela propriedade correspondente ao significado do adjetivo; tem uso genérico, o que neutraliza as oposições de gênero e número; furta-se a manifestações de grau; ocupa poucas posições sintáticas próprias de substantivo.

SUBSTANTIVOS PODEM QUALIFICAR SUBSTANTIVOS?

O adjetivo é geralmente definido como a palavra que acompanha o substantivo para atribuir-lhe uma propriedade ou qualidade. De acordo com essa função básica, os adjetivos denotam qualidades e propriedades em geral, tais como feio, ácido, alto, baixo, inteligente, grosso, redondo etc. Essa é a situação geral, e, podemos também dizer, a mais simples.

Mas não é a única. Já vimos antes que nomes de agente podem ser considerados casos predeterminados de uso adjetivo de substantivos; veremos, nas próximas seções, que há várias outras situações em que substantivos podem qualificar, caracterizar ou especificar substantivos.

As situações mais comuns de utilização de substantivos para caracterizar ou especificar substantivos correspondem ao padrão S+S de composição, exemplificado tradicionalmente em palavras como couve-flor, navio-escola, carta-bilhete etc. O segundo caso, o de especificação, ocorre com palavras de semântica menos definida e com o uso de compostos. Começaremos, no entanto, com um caso de função de qualificação.

SUBSTANTIVOS COMO QUALIFICADORES

Vejamos alguns exemplos de substantivos que podem atribuir qualidades ou propriedades a outros substantivos.

(20) a. comício-monstro, festa-monstro, engarrafamento-monstro.
b. festa-surpresa, visita-surpresa, auditoria-surpresa.
c. comício-relâmpago, sequestro-relâmpago, sessão-relâmpago.
d. testemunha-chave, pergunta-chave, cargo-chave.
e. cheque-fantasma, funcionário-fantasma, empresa-fantasma.
f. escola-padrão, funcionário-padrão, questionário padrão.

Em todos esses casos, direta ou metaforicamente o elemento central do significado do substantivo é tomado como um predicado que qualifica o outro substantivo. Assim, monstro corresponde a uma qualificação de tamanho gigantesco[3]; surpresa qualifica o evento representado pelo substantivo como inesperado; relâmpago o qualifica como rápido; chave, como crucial; fantasma, como de existência ou fundamento duvidoso; padrão, como modelar.

É de se ressaltar o efeito estilístico obtido ao se usar um substantivo para fins de caracterização ou qualificação, em vez de um adjetivo; a força da qualificação é sempre maior, exatamente porque inesperada, correspondendo a um deslocamento da função primária.[4] A esse deslocamento ainda se sobrepõe a força enfática da inclusão da qualidade na composição do elemento denotado. Por exemplo, festa-surpresa é muito mais enfático do que festa inesperada, porque a qualificação se incorpora na própria denominação em festa-surpresa, enquanto em festa inesperada se mantém a adjetivação como mera qualificação. O tom enfático pode ser ainda maior nos casos em que há um aspecto metafórico, como em sequestro relâmpago, empresa-fantasma etc.

FORMAÇÃO E CLASSES DE PALAVRAS

SUBSTANTIVOS COMO COMPLEMENTOS DE SUBSTANTIVOS

É importante distinguir, nas composições sintáticas envolvendo substantivos, os casos de qualificação, que vimos anteriormente, dos casos de complementos. Nos casos de complementação, temos substantivos que completam a noção veiculada por outro substantivo, como vemos:

(21) custo Brasil, fator miséria, aspecto funcionalidade, elemento surpresa, setor educação, categoria desenvolvimento.

Nos casos exemplificados, é necessário e previsto pela estrutura da língua que substantivos completem o sentido de outros substantivos: há substantivos de semântica quase vazia, que existem exatamente para servir de base a diferentes combinações, dependendo do elemento complementar. Os substantivos mais comuns são: aspecto, fator, ângulo, fenômeno, tópico, classe, setor, categoria, elemento, item etc. O elemento complementar tanto pode ser um adjetivo denominal quanto um substantivo, como vemos:

(22) a. fator moeda/monetário.
b. aspecto eleição/eleitoral.
c. setor educação/educacional.
d. elemento câmbio/cambial.

Observem que nesses o segundo substantivo não é apenas uma especificação mas um elemento necessário:

(23) a. O fator moeda não pode ser esquecido.
b. O fator monetário não pode ser esquecido.
c. *O fator não pode ser esquecido.

SUBSTANTIVOS COMO ESPECIFICADORES

Substantivos são frequentemente utilizados em composições com outros substantivos para fins de especificação.

Um dos casos mais comuns é o da especificação de cor. Dado que as possibilidades de cores são infinitas, muitas vezes usamos como referência às cores que eventualmente queremos especificar os próprios objetos caracterizados por sua cor, como em café, areia, cereja etc. É interessante observar que, ao contrário do que vimos anteriormente em relação a adjetivos relativos a cores, nos casos de especificação de cores através de substantivo caracterizado pela cor não há concordância de gênero e número entre o substantivo nuclear do sintagma e o substantivo especificador, como vemos a seguir:

(24) a. Comprei um sapato areia/uma bolsa areia.
b. Comprei um sapato café/uma bolsa café.
c. Comprei dois sapatos areia/dois sapatos café.
d. Comprei um sapato branco/uma bolsa branca.
e. Comprei dois sapatos pretos.

Em (24), vemos que areia e café, embora atribuindo uma propriedade de cor a sapato/bolsa, continuam sendo substantivos, e, portanto, não apresentam concordância de gênero e número com os substantivos sapato e bolsa, ao contrário dos adjetivos de cores branco e preto, que, sendo adjetivos com contraparte substantiva, apresentam concordância de gênero e número como adjetivos.

Naturalmente, a especificação de cores incide com frequência no próprio nome de cor, como em verde-alface, verde limão, azul-turquesa, vermelho rubi, cinza-chumbo, rosa-bebê etc.[5]

Além da especificação de cor, substantivos podem atribuir outras propriedades centrais de seu significado a outro substantivo, que determinam. Também frequênte é a composição de substantivos envolvendo dois nomes de agente, e a denotação se faz a um ser caracterizado duplamente como agente. É interessante notar, no entanto, que embora a caracterização como agente seja dupla, existe uma hierarquia de foco de tal modo que um dos agentes é tomado como agente principal, modificado pelo outro, como vemos em (25):

(25) sociólogo presidente, general-presidente, terrorista suicida, candidato empresário.

A hierarquia de foco foi enfatizada no célebre exemplo defunto autor, de Machado de Assis, um dos mais utilizados nas discussões sobre a dificuldade de se analisar a distinção substantivo/adjetivo.

Existem muitos outros casos de sequências substantivo-substantivo, em que o segundo substantivo de certa forma determina ou especifica o primeiro. Alguns casos mais gerais:

(26) especificação de função:
dólar turismo, dólar petróleo, conta salário, navio-escola, salário creche, cidade-dormitório, vagão-restaurante, vale-transporte, livro-caixa.

(27) designação de objeto com dupla função:
sofá-cama, avião-tanque, carro-bomba, carta-bomba, café-teatro, bar-restaurante, copa-cozinha, avião-UTI.

(28) especificação de modalidade:
bolsa-trabalho, prêmio-aquisição, conta-poupança, papo-cabeça, música-tema, samba-enredo, samba-exaltação.

Além desses, há, certamente, muitos outros casos, cuja transparência é variável. E, dos casos relatados, alguns poderiam ser incluídos em mais de uma possibilidade. A enumeração está longe de ser exaustiva e apenas tem o objetivo de mostrar que a sequência substantivo-substantivo com uma relação de especificação é corriqueira e tem o objetivo determinado de permitir a combinação de substantivos com outros substantivos para a formação de novas unidades de denotação.

Temos, portanto, que levar em conta a função do substantivo como especificador de outro substantivo. Em outras palavras, a especificação de substantivos, efetuada fundamentalmente por adjetivos, também pode ser feita por substantivos. Entretanto, como a especificação através de substantivos é sempre feita de modo a termos a designação de um novo ser, o conjunto substantivo+substantivo é normalmente considerado como um novo designador de seres, e, portanto, do ponto de vista lexical, é um substantivo composto.

Como vimos neste capítulo final, não apenas os processos derivacionais atuam na expansão lexical; há várias outras possibilidades, previstas nas estruturas lexicais do português, de extensão de propriedades e funções de itens de uma classe, assim como situações de conversão. Daí a importância de focalizarmos em conjunto a formação e as classes de palavras, com suas propriedades e funções, na constituição do léxico.[6]

NOTAS

[1] Essa construção não é o único exemplo de ocorrência de adjetivo precedido de artigo. Há várias outras, dentre as quais se inclui o caso dos adjetivos em superlativo relativo.

[2] Ou de uso duplo de Nomes, como substantivo e adjetivo. Como se tratam de casos limítrofes, várias análises são possíveis. Mas veja-se a seção seguinte.

[3] Aliás, gigante também é usado do mesmo modo.

[4] Já vimos o mesmo efeito enfático na utilização da forma adjetiva para qualificar verbos (cf. cap. 8).

[5] Nos dois últimos exemplos, a qualificação transposta de um objeto para a cor se cristalizou como nome de cor, que então recebe outra qualificação: cor de cinza à cinza à cinza-chumbo; cor-de-rosa à rosa à rosa-bebê.

[6] Para análise da questão da flutuação S/Adj e situação de compostos, v., dentre outros, Basilio (1987, 1995, 2000); Perini (1995); Sandmann (1989, 1991), Neves (1999), Villalva (2000).

EXERCÍCIOS

1. O que é conversão? Dê dois exemplos envolvendo classes diferentes.

2. Construa exemplos análogos aos de (1) a (3) e mostre que doente (Adj) e doente (S) são palavras distintas.

3. Teste os adjetivos santo e satisfeito em contextos análogos aos de (4) a (7).

4. Demonstre com vários exemplos, que substantivos pátrios apresentam sistematicamente uma contraparte substantiva.

5. Podemos dizer que a situação dos nomes de cores é semelhante à situação dos nomes pátrios? Por quê?

6. Podemos afirmar que o adjetivo amarelo é distinto do substantivo amarelo? Justifique.

7. Demonstre que nem toda a palavra que ocorre precedida de artigo é necessariamente um substantivo.

8. Os adjetivos substantivados deveriam ser considerados como substantivos plenos? Por quê?

9. Quais são as propriedades dos nomes em contextos genéricos?

10. Descreva a situação dos nomes de agente na frase abaixo:
A Banca Examinadora resolveu aprovar o candidato budista e reprovar os alunos dissidentes.

11. Podemos dizer que o uso dos nomes de agente em função de adjetivo caracteriza o processo de conversão?

12. Dê e explique exemplos de casos limítrofes, que trazem problemas para a noção tradicional de "classes de palavras".

13. Substantivos podem qualificar substantivos? Justifique e exemplifique.

14. Dê exemplos recentes de substantivos usados como qualificadores e mostre seu efeito estilístico.

15. Dê exemplos de substantivos de semântica quase vazia especificados por outros substantivos.

16. Dê exemplos de substantivos utilizados para especificação de cor e mostre que eles conservam as propriedades de substantivo.

17. Analise a classe e propriedades dos dois elementos dos compostos abaixo:
cirurgião-dentista – presidente-operário – terrorista-suicida

18. Dê outros exemplos recentes de sequências S+S em que o segundo substantivo especifica o primeiro e analise a sua inclusão nos tipos determinados em (26) a (28).

Referências Bibliográficas

ALBINO, J.M. *As condições de produção dos sufixos nominalizadores -ção e -mento no português escrito formal.* Tese de Mestrado. UFRJ, 1993.

ANDERSON, S. *A-morphous morphology.* Cambridge University Press, 1992.

AZEVEDO, J.L. *A questão do agente nas construções nominalizadas no discurso escrito em português.* Tese de Mestrado. UFRJ, 1992.

BARRETO, B.C. *A nominalização no texto dissertativo: um estudo dos padrões sintáticos.* Tese de Mestrado. PUC-RIO, 1984.

BASILIO, M. *Estruturas lexicais do português.* Petrópolis: Vozes, 1980.

_____ *A função semântica na substantivação de adjetivos.* Delta, 1986, n.1, v.2.

_____ *Teoria lexical.* São Paulo: Ática, 1987.

_____ *O fator semântico na derivação parassintética: a formação de adjetivos.* Delta v.8, n.1, 1992.

_____ O fator semântico na flutuação substantivo/adjetivo em português. In: J. Heye (org.), *Flores verbais.* Rio de Janeiro: 34, 1995.

_____ A nominalização verbal sufixal no português falado. In: A.T. Castilho e M. Basilio, *Gramática do português falado,* v.IV: Estudos Descritivos. Campinas: UNICAMP/FAPESP,1996.

_____ *Morfológica e castilhamente: um estudo das construções X-mente no português do Brasil.* Delta, v.14, n. especial,1998.

_____ (org.) *A delimitação de unidades lexicais.* Rio de Janeiro: Grypho, 1999.

_____ *Em torno da palavra como unidade lexical: palavras e composições.* Veredas, v.4, n.2. UFJF, 2000.

BASILIO, M. e GAMARSKI, L. Adjetivos denominais no português falado. In: M.H.M. Neves *Gramática do português falado vol. VII: novos estudos.* Campinas/São Paulo: UNICAMP/FAPESP/FFLCH-USP, 1999.

BASILIO, M. e MARTINS, H.F. Verbos denominais no português falado. In: I. Koch (org.) *Gramática do português falado, vol.VI: os desenvolvimentos.* Campinas: UNICAMP/FAPESP, 1996.

BLOOMFIELD, L. A Set of Postulates for the Science of Language. Language 2, 153-64, 1926. In: M. Joos (org.) *Readings in linguistics I.* The University of Chicago Press, 1957.

BOMFIM, E. *Advérbios.* São Paulo: Ática, 1988.

CÂMARA JR., J.M. *Estrutura da língua portuguesa.* Petrópolis: Vozes, 1970.

DI SCIULLO, A-M & WILLIAMS, E. *On the definition of word.* MIT Press, Cambridge, MA, 1987.

EZARANI, E.S. *Formações X-inho na fala carioca.* Tese de Mestrado. UFRJ, 1989.

GAMARSKI, L. *A derivação regressiva: um estudo da produtividade lexical em português.* Goiânia: CEGRAF, 1988.

_____ Produtividade e produção de particípios passivos. In: M.Kato (org.) *Gramática do português falado vol. V: convergências.* Campinas: UNICAMP/FAPESP, 1996 a.

_____ Efeitos da morfologia sobre a estrutura argumental – adjetivos deverbais em -nte. In: I.Koch (org.) *Gramática do português falado, vol. VI: os desenvolvimentos.* Campinas: UNICAMP/FAPESP, 1996 b.

GONÇALVES, C.A. e outros Delimitando as formas X-eiro no português do Brasil. In: M. Basilio (org.) *A delimitação de unidades lexicais.* Rio de Janeiro: Grypho, 1999.

GUILLÉN, V. *Verbos em -izar em português: um estudo da produtividade.* Tese de Mestrado. PUC-RIO, 1986.

GUNZBURGER, M.L. *Previsibilidade semântica em nominais correspondentes a verbos intransitivos.* Tese de Mestrado. PUC-RIO, 1979.

HOUAISS, A. *Dicionário Houaiss da Língua Portuguesa*. Rio de Janeiro: Objetiva, 2002.

ILARI, R. e outros Considerações sobre a posição dos advérbios. In: A.T. Castilho (org.) *Gramática do português falado vol. I: a ordem*. Campinas: UNICAMP/FAPESP, 1990.

_____ (org.) *Gramática do português falado vol. II: níveis de análise linguística*. Campinas: UNICAMP, 1993.

LOBATO, L. "A derivação regressiva em português: conceituação e tratamento gerativo. In: C. da C. Pereira e P.R.D. Pereira (orgs.) *Miscelânea de estudos linguísticos, filológicos e literários in memoriam Celso Cunha*. Rio de Janeiro: Nova Fronteira, 1995.

_____ Particípios rizotônicos de primeira conjugação e deverbais não-afixais no português. In: M. Basilio (org.) *A delimitação de unidades lexicais*. Rio de Janeiro: Grypho, 1999.

LOURES, L.H.R. *Análise contrastiva de recursos morfológicos com função expressiva em francês e português*. Tese de Doutorado. UFRJ, 2000.

LYONS, J. *Introduction to theoretical linguistics*. Cambridge University Press, 1968.

MARTINS, H.F. *Irregularidade semântica em construções lexicais: um estudo dos verbos parassintéticos no português*. Tese de Mestrado. PUC-RIO, 1991.

MATTHEWS, P.H. *Morphology. an Introduction to the theory of word structure*. 2ª ed. Cambridge University Press, 1991.

MIRANDA, N.S. *Agentivos denominais e deverbais: um estudo da produtividade lexical em português*. Tese de Mestrado. UFRJ, 1980.

MONTEIRO, J.L. *Morfologia portuguesa*. 4ª ed. Campinas: Pontes, 2002.

NEVES, M.H.M. *Gramática de usos do português*. Araraquara: UNESP, 1999.

PERINI, M.A. *Gramática descritiva do português*. São Paulo: Ática, 1995.

RIO-TORTO, G. M. *Morfologia derivacional – teoria e aplicação ao português*. Porto: Porto, 1998a.

_____ *Padrões de formação de verbos em português*. Coimbra: Revista Portuguesa de Filologia. 1998b.

ROSA, M.C. *A Formação de aumentativos em português*. Tese de Mestrado. Rio de Janeiro, UFRJ, 1983.

_____ *Introdução à morfologia*. São Paulo: Contexto, 2000.

SANDMANN, A.J. *Formação de palavras no português brasileiro contemporâneo*. Curitiba: Icone, 1989.

_____ *Morfologia geral*. São Paulo: Contexto, 1991.

VILLALVA, A. *Estruturas morfológicas*. Fundação Calouste Gulbenkian, MCT, 2000.

GRÁFICA PAYM
Tel. [11] 4392-3344
paym@graficapaym.com.br